KOREAN

Conversations
and Debating

KOREAN
Conversations
and Debating

Juno Baik
Eunjin Gye
Julie Damron

TUTTLE Publishing
Tokyo | Rutland, Vermont | Singapore

Contents

How to Use This Book

Welcome to *Korean Conversations and Debating*. This book provides an opportunity to expand your Korean language ability by discussing and debating current, engaging and important topics in Korean. Have you ever discussed the pros and cons of love with an AI being? What about the effects of low birth rates on populations around the world, or the influence of virtual currency? These are a few of the exciting topics you will study and discuss in *Korean Conversations and Debating*. If you are an intermediate or advanced learner of Korean and if you range in age from teenager to adult, you will love this book! You can study it on your own, with a friend or in a classroom setting.

This book is structured into eight chapters, each following a similar pattern:

Opening Passage
Each chapter begins with a short piece of writing about the topic to be discussed in that chapter, with a list of key vocabulary.

Background Knowledge Activation
Discussion activities and language exercises help you start thinking more deeply about the topic and activate your background knowledge. The tasks encourage you to explore your own ideas, and create interest in the readings and exercises that follow.

Main Idea Exploration
This section helps you understand the core concepts of the chapter through vocabulary-related tasks.

Comprehension and Expressions
Each chapter contains a main text based around issues and arguments that often appear in news articles, academic papers and government reports. This text delves into up-to-date issues on the topic and is written using simple sentence structures and contextualized to help you easily understand the topic and related issues. This text sets out major arguments on both sides of the debate, followed by comprehension check questions and mind maps for summarizing core concepts.

Useful Sentences for Discussion and Debate

This section focuses on tasks that will familiarize you with vocabulary used in the main text and specific to the context of each topic, with an emphasis on verbs and markers. Note that in this book, the word "verb" refers to both action verbs and stative verbs. In Korean, the term "action verbs" is equivalent to "verbs" in English, and the term "stative verbs" is equivalent to "adjectives" in English. Markers, which are small particles attached to certain words to indicate their grammatical role in the sentence, are one of the most important aspects of Korean.

Argument Development

This section lays out the tenets of various arguments summarized from the main text. Through a series of tasks, you will begin to build your mental schema related to those arguments. You will also plan how to support or refute those arguments.

Debate Expressions

This is one of the core sections in each chapter, and is unique to this debate book. It provides authentic debate expressions tailored to a given topic, sample structures for each expression and detailed explanations, including the delicate nuances of each structure. It is followed by a series of tasks including substitution drills, position paper writing and role-plays. Through these stages, you will learn to use expressions in an appropriate way and gain proficiency in debating in native-like styles and contexts.

Reflections

At the end of every chapter, you are provided with a chance to check your knowledge of the topic and your progress with debate skills. You'll find space to reflect on your achievements and think about ways you can improve in upcoming chapters and debates.

THE PRINCIPLES OF DEBATE

Whether you are using this book in a classroom for oral practice through formal debate or alone (or with a friend) to simply develop your discussion skills in speaking and writing, you may want to be familiar with the principles of good debating. The key points in the list below will help you improve your debate skills:

1. Create questions that focus on the topic and not on attacking or criticizing the opposing team.

2. Choose the most relevant and sound arguments to support your points. A few strong arguments are better than lots of weak arguments.

3. Use arguments and support from authoritative sources and be sure that the arguments are valid.

4. Make sure you think about and understand your opponent's side and arguments. This will help you prepare relevant questions and rebuttals.

5. Be logical and straightforward in your arguments. Make sure your Korean is clear, concise and uncomplicated.

6. Before you start a debate, look for any potential weaknesses in your argument. Do you express any points of view that are easy for people to attack? Decide how you will refute your opponent's arguments relating to these particular points.

7. Use critical analysis, arguments that support your overall stance and humor, to ensure a successful debate.

8. Use your conclusion to restate your final position. Reiterate the most important points of your argument and refute those of your opponent.

Next, it's important to have a good grasp of Korean terms and phrases that will help you make, counter or summarize important points in the debate. In addition to the list below, there are useful debate expressions in every chapter. These are also summarized in the Words & Expressions List that you can find on pages 175–180. Although it is hard to match English and Korean expressions exactly, below are some useful phrases in English with a closely translated phrase in Korean.

Express our position

1. We define _____ A _____ as _____ B _____.
   _____ A _____ 은 / 는 _____ B _____ 다고 / 라고 할 수 있습니다.

2. This argument/idea is important because _____.
   이러한 관점이 중요한 이유는 _____ 때문입니다.

3. The main idea we would like to express is _____.
   제가 말씀드리고 싶은 요지는 _____.

4. The most important idea is _____.

제일 중요한 점은 _____.

5. Most importantly/it's important to remember that _____.

_____ 다는 / 라는 점을 잊어서는 안 됩니다.

6. Our primary argument is _____.

제 주장은 _____.

Make counterarguments

1. We understand that _____A_____. However, _____B_____.

_____A_____ 다는 / 라는 점은 이해합니다. 그러나, _____B_____.

2. We concede that argument, but it's important to note that _____.

그 점은 저도 인정합니다만, _____ 다는 / 라는 점도 고려해야 합니다.

3. We agree with that. On the other hand, _____.

그 점에 대해서는 동의합니다. 반면에, _____.

4. While one might argue that _____, it is valuable to remember that _____.

_____ 다는 / 라는 주장도 있겠지만, _____ 다는 / 라는 점을 잊어서는 안 됩니다.

5. Yes, that may be true, but we believe that _____.

그 말씀도 일리는 있습니다만, _____ 다고 / 라고 생각합니다.

6. Yes, that is evident, however, _____.

그 말씀도 맞습니다만, _____.

Sequence your arguments

1. First, we'd like to state/suggest _____.

우선 _____ 다는 / 라는 점을 말씀드리고자 합니다.

2. Second, in support of _____ we propose.

   둘째로, 저는 _____ 을 / 를 지지하는 입장에서 말씀을 드리고자 합니다.

3. Closely related to the first argument, we believe that _____.

   서두에 말씀 드린 바와 같이 저는 _____ 다고 / 라고 봅니다.

4. To start, we submit the premise that_____.

   _____ 다는 / 라는 점을 전제로 하고자 합니다.

5. First, Second, Third

   첫째, 둘째, 셋째

6. To begin with, _____.

   우선적으로, _____.

Add information to your argument

1. Furthermore, _____.

   게다가, _____.

2. We would also like to mention that _____.

   _____ 다는/라는 점을 말씀드립니다.

3. Not to mention the fact that _____.

   _____ 다는/라는 점은 더 말할 나위도 없습니다.

4. More importantly, _____.

   더욱 중요한 점은, _____.

5. We might also add_____.

   _____ 다는/라는 점도 추가적으로 말씀드립니다.

6. In addition, _____.

   또한, _____.

7. Moreover, _____.

더욱이, _____ .

8. We would also like you to consider _____.

_____ 다는/라는 점을 꼭 염두에 두셨으면 합니다.

Make closing statements

1. To sum up, _____.

정리하자면, _____ .

2. To summarize our point of view, _____.

제 주장을 정리하자면, _____ .

3. To reiterate, _____.

거듭 말씀드리지만, _____ .

4. Finally, _____.

결국, _____ .

5. To recap our point of view _____.

제 주장을 요약하자면, _____ .

The authors of this book, Juno Baik (Assistant Professor of Korean, Brigham Young University), Eunjin Gye (Visiting Assistant Professor of Korean, Brigham Young University) and Julie Damron (Associate Professor of Linguistics/Korean, Brigham Young University), would like to thank you for your interest in our book and for expanding your Korean language ability! We hope you enjoy this book, and remember the Korean saying 시작이 반이다 —getting started is the hardest step!

To Access the Online Materials:

1. Check to be sure you have an internet connection.
2. Type the URL below into your web browser.

www.tuttlepublishing.com/korean-language-conversations-and-debating

For support, you can email us at info@tuttlepublishing.com.

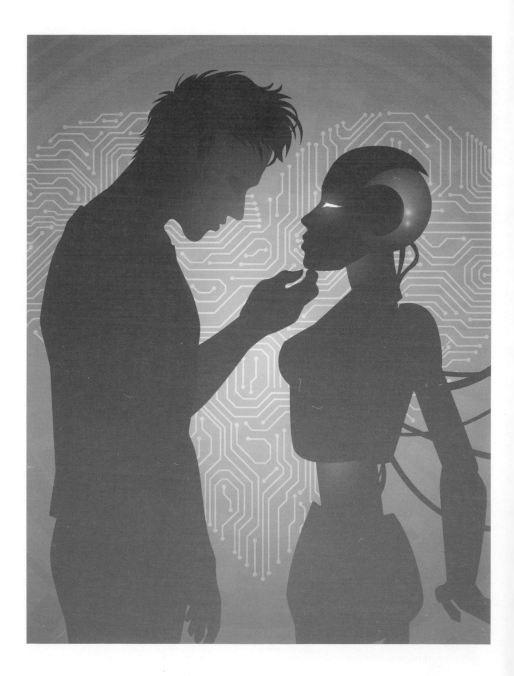

CHAPTER 1

인공지능과의 사랑
Love with an AI
Is love with an artificial intelligence being possible?

Read the following passage and discuss or write your thoughts.

영화 <허> 는 인공지능과 사랑에 빠지는 이야기이다. 남자 주인공은 자신을 아내보다 잘 이해해주는 인공지능에게 사랑을 느낀다. 한 결혼정보회사가 20~30 대 남녀를 대상으로 "인공지능을 사랑할 수 있을까?" 라고 묻는 설문조사를 한 결과, 미혼 남성 60%와 미혼 여성 30%가 "그렇다" 라고 대답했다. 이들은 "감정 씨움이 필요 없다," "연애가 자유롭나," "내가 원하는 대로 고를 수 있다" 등의 이유를 꼽았다. "아니오" 라고 대답한 사람들은 "공감이 불가능하다" 를 가장 큰 이유로 꼽았다.

Key Vocabulary

결혼정보회사	matchmaking company	미혼	unmarried
공감	empathy	사랑에 빠지다	to fall in love
꼽다	to pick	설문 조사	a survey

Background Knowledge Activation

A. With a partner or in writing, discuss the following questions.

1. 가상 인플루언서란 무엇입니까?

2. 가상 인플루언서와 실제 사람은 어떤 점이 다릅니까?

3. 가상 인플루언서를 이용해서 기업 홍보를 하는 것에 찬성합니까? 왜 그렇게 생각합니까?

4. 서빙 로봇이 인간보다 일을 잘 한다고 생각합니까?

5. 서빙 로봇이 인간의 일자리를 빼앗는다고 생각합니까?

6. 서빙 로봇을 사용하면 식당들에게 이익이 된다고 생각합니까? 왜 그렇습니까?

B. The word 인공 means "artificial," or "man-made." Below are frequently used word combinations that include 인공 . Match the words to the definitions on the right side and check your answers on page 181. What are the benefits, drawbacks and limitations of each artificial version compared to the non-artificial version? Discuss or write your thoughts.

Words	Definitions
1. 인공 위성	a. 음식이나 음료수에 단 맛을 추가함.
2. 인공 심장	b. 몸의 혈액이 움직일 수 있게 해 줌.
3. 인공 눈물	c. 통증 없이 몸을 움직일 수 있게 해 줌.
4. 인공 관절	d. 통신을 중계하거나 위치 정보를 알려줌.
5. 인공 감미료	e. 눈이 건조하지 않게 해 줌.

C. The title of the current chapter starts with a topic (AI) and then has a phrase that describes a possible action (love). Using the words and descriptions from the previous exercise, make five possible statements that may be used in a debate. Compare your answers with a study partner if you have one, and with the answers given on page 181.

Example:　[인공지능][과]　　[사랑에 빠질 수 있을까 ?]
　　　　　　[topic]　　[marker] [topic phrase]

1. _____

2. _____

3. _____

4. _____

5. _____

Main Idea Exploration

A. Make word combinations by filling in the blanks with the collocating words. Discuss the meaning of each combination. Words may be used multiple times, and not all blanks have to be filled in. Find the answers on page 181.

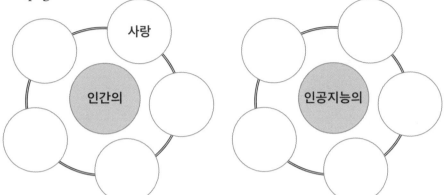

Collocating words
사랑
학습
마음
인격
생명

B. Read the following arguments and indicate if you agree or disagree.

1. 인간과 컴퓨터 프로그램은 서로 사랑할 수 있다.

2. 인공지능도 감정을 표현할 수 있다.

3. 인공지능도 마음을 가질 수 있다.

4. 인간에게만 생명이 있다.

5. 인공지능에게도 인격이 있다.

C. If working with a study partner, compare your answers and discuss.

Content Comprehension

A. 🎧 Listen to audio file #1 and follow along with the main text below.

B. Read the text again and look up any unfamiliar words in the vocabulary list overleaf or in a dictionary.

> **찬성측: 인간은 인공지능과 사랑을 나눌 수 있다.**
> **Supporting side: Humans can love an AI.**

우리는 이미 인공지능이나 가상 인물과 교감하는 시대에 살고 있습니다. 사람들은 광고에 가상 연예인이 나오면 프로필을 궁금해하고 관련 동영상을 찾아보며, 인공지능 로봇이 연인이나 가족의 역할을 하는 영화에 빠져듭니다. 어떤 사람들은 로봇과 결혼을 하기도 합니다. 인공지능을 가족으로 생각할 수도 있는 것입니다.

왜 실제 사람이 아닌 인공지능 로봇을 좋아하는 걸까요? 일부 사람들은 예의 없는 사람들보다 인공지능이 낫다고 합니다. 인공지능은 항상 예의 바르게 이야기하고 인간들에게 절대 상처를 주지 않는다는 것입니다. 또한, 인간의 감정에 반응하는 인공지능은 인간과 같다고 이야기합니다. 특히, 이러한 인공지능 로봇들이 장애인 등 일반적인 사회생활이 어려운 사람들에게 도움을 줄 수 있다고 주장합니다.

> **반대측: 인간은 인공지능과 사랑을 나눌 수 없다.**
> **Opposing side: Humans cannot love an AI.**

인공지능을 사랑하는 것은 정상적인 행동이 아닙니다. 인간은 인공지능과 진정으로 사랑을 나눌 수 없습니다. 인공지능은 실제로 사람을 사랑할 수 없습니다. 사람이 만든 도구로서 정해진 규칙에 따르는 컴퓨터 프로그램이기 때문입니다. 사랑을 위해 자신을 희생할 수 있는 인간들만이 진정으로 사랑을 할 수 있습니다.

요즘 TV 에 나오는 가상 연예인은 회사가 창조한 상품일 뿐입니다. 가상 연예인의 모든 소셜미디어 활동도 그 회사의 직원들이 하는 것입니다. 실제로 그 연예인이 사람들과 교감하는 것이 아닙니다. 또한, 영화에서처럼 인공지능이 너무 똑똑해지면 인간을 속일 가능성도 있습니다. 그렇게 되면 인간이 위험해질 것입니다.

Key Vocabulary

가능성	possibility	상처를 주다	to hurt
가상	virtual	역할	role
광고	advertisement	장애인	handicapped
교감하다	to communicate	정상	normal
규칙	rules	직원	staff
낫다	to be better	진정한	true
동영상	video	프로필	profile
반응하다	to react	활동	activity
빠져들다	to immerse in	희생	a sacrifice

C. Comprehension check. Find the answers on page 181.

1. Which argument in the text supports love with an AI?

   a. 가상 인물과 교감하는 것은 어렵다.

   b. 사람들은 서로 항상 예의 바르게 이야기한다.

   c. 사람들은 인공지능과 사랑을 하는 영화를 즐긴다.

   d. 사회생활이 어려운 사람들에게는 로봇이 필요없다.

2. Which argument in the text opposes love with an AI?

   a. 인간은 인공지능에게 속지 않는다.

   b. 인공지능을 사랑하는 것은 정상이다.

   c. 인간은 컴퓨터 프로그램을 사랑할 수 있다.

   d. 인간만이 사랑하는 사람을 위해서 희생할 수 있다.

3. Choose the most important argument in favor of the statement 예의 없는 사람들보다 인공지능이 낫다.

   a. 사람들은 다른 사람들에게 상처를 준다.

   b. 가상 연예인은 사람들에게 인기가 있다.

   c. 인공지능은 인간의 감정에 반응하지 않는다.

   d. 가상 연예인의 소셜 미디어 활동을 회사 직원들이 대신한다.

4. Choose the point that is being criticized in the statement 가상 연예인은 회사가 창조한 상품일 뿐입니다.

   a. 가상 연예인을 사고 판다.

   b. 가상 연예인과 교감할 수 있다.

   c. 사람들이 가상 연예인을 좋아하지 않는다.

   d. 가상 연예인이 실제로 소셜 미디어 활동을 하는 것이 아니다.

5. According to the main text, which is NOT a point of the debate?

   a. 사랑의 진정성

   b. 인공지능의 종류

   c. 사랑을 위한 희생

   d. 인공지능의 위험성

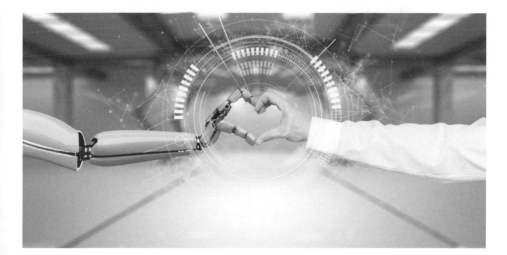

D. In the chart below, brainstorm additional words or ideas that come to mind related to each kind of love. You may find them in the main text, in a dictionary, or online.

Type of love	Words and concepts
인공지능과의 사랑	1. 감정 2. 인격 3. 4. 5.
인간과의 사랑	1. 예의 2. 진정한 사랑 3. 4. 5.

Useful Sentences for Discussion and Debate

A. Study the sentence structures by doing the exercises below. Find the answers on page 181.

Key verbs				
교감하다	빠져들다	속이다	창조하다	희생하다

1. Fill in the blanks using key verbs from the box above. Use appropriate grammatical markers, and/or conjugate, if necessary (e.g., 먹다 → 먹고, 먹은, 먹어야 합니다).

    a. 자신을 _____ 것이 진정한 사랑입니다.

    b. 관객들은 인공지능이 나오는 영화에 _____ .

    c. 가상 연예인은 마케팅 회사들이 _____ 인물들입니다.

    d. 사람을 _____ 인공지능은 위험합니다.

    e. 로봇과 _____ 것이 외로움을 없앨 수 있습니다.

2. Rephrase the underlined expressions using words from the box (e.g., 만들었습니다 → 창조했습니다).

    a. 그 기술자는 1 년 동안 연구하여 인공지능 프로그램을 <u>만들었습니다</u>.

    _____

    b. 영화 <아이로봇>에서에서 인공지능은 <u>사람들에게 거짓말을 합니다</u>.

    _____

    c. 잭은 로즈를 살리기 위해 <u>그녀 대신 죽었습니다</u>.

    _____

    d. 사람들은 그 드라마에 <u>몰입했습니다</u>.

    _____

    e. 사랑은 상대방과 <u>감정을 나누는 것입니다</u>.

    _____

B. Study the grammatical markers by doing the exercises below. Find the answers on page 181.

1. Fill in the blanks with the appropriate grammatical marker. You may leave the space blank if no grammatical marker is needed.

Grammatical markers				
(으)로	보다	에	에서	와/과

   a. 예의없는 사람들(　　) 인공지능이 낫습니다.

   b. 사람들은 인공지능(　　) 교감하는 영화에 긍정적으로 반응합니다.

   c. 인간은 인공지능과 진정(　　) 사랑을 나눌 수 있습니다.

2. Choose the appropriate word for each sentence.

   a. 인공지능은 (프로그램일/프로그램인) 뿐입니다.

   b. 인공지능이 (실제로/실제보다) 사람을 사랑할 수는 없습니다.

   c. 인공지능은 (절대/비록) 사람에게 안 좋은 일을 하지 않습니다.

Part 3

Debate

Argument Development

Arguments are logical propositions that support the debaters' stance. Debaters defend their own statements and attempt to find flaws in the opponent's arguments.

A. Read and analyze each argument. Look for factual and/or logical flaws. Discuss or write your thoughts.

> **찬성측: 인간은 인공지능과 사랑을 나눌 수 있다.**
> **Supporting side: Humans can love an AI.**

1. 인간의 감정에 반응하는 인공지능은 인간과 같습니다

2. 인공지능은 인간에게 상처를 주지 않고 항상 예의 바르게 행동힙니다.

3. 사람들은 가상 연예인과 이미 교감하고 있습니다.

4. 사람들은 인공지능이나 로봇과 사랑을 하는 영화에 빠져듭니다 .

5. 어떤 사람들은 로봇과 결혼하며 행복해합니다.

6. 인공지능을 가족으로 생각할 수도 있습니다.

7. 사회적 약자들에게는 인공지능 로봇이 필요합니다.

> **반대측: 인간은 인공지능과 사랑을 나눌 수 없다.**
> **Opposing side: Humans cannot love an AI.**

1. 인간은 진정으로 인공지능을 사랑할 수 없습니다.

2. 인공지능은 프로그램일 뿐입니다.

3. 가상 연예인은 창조된 상품일 뿐입니다.

4. 로봇은 도구이지 사랑의 대상이 아닙니다.

5. 인공지능을 인간처럼 사랑하는 것은 비정상적입니다.

6. 인공지능이 사람을 속이면 위험할 수 있습니다.

7. 인공지능은 진정으로 자신을 희생할 수 없습니다.

B. Read the arguments below. Match each argument on the left to the one on the right that opposes it. Find the answers on page 181.

Arguments stating that humans can love an AI.	Arguments stating that humans cannot love an AI.
1. 인간의 감정에 반응하는 인공지능은 인간과 같습니다.	a. 인간은 진정으로 인공지능을 사랑할 수 없습니다.
2. 인공지능은 인간에게 상처를 주지 않고 항상 예의 바르게 행동합니다.	b. 인공지능은 프로그램일 뿐입니다.
3. 사람들은 가상 연예인과 이미 교감하고 있습니다.	c. 가상 연예인은 창조된 상품일 뿐입니다.
4. 사람들은 인공지능과 사랑을 하는 영화에 빠져듭니다.	d. 로봇은 도구이지 사랑의 대상이 아닙니다.
5. 어떤 사람들은 로봇과 결혼하며 행복해합니다.	e. 인공지능을 인간처럼 사랑하는 것은 비정상적입니다.
6. 인공지능을 가족으로 생각할 수도 있습니다.	f. 인공지능이 사람을 속이면 위험할 수 있습니다.
7. 사회적 약자들에게는 인공지능 로봇이 필요합니다.	g. 인공지능은 진정으로 자신을 희생할 수 없습니다.

C. In pairs, each take a side and role-play, referring to the chart in the previous exercise. After one reads an argument on the left, the other reads the counterargument. Repeat this for all statements. If you are studying alone, read both sides of the argument aloud.

Debate Expressions

A. You can deliver effective arguments with the following expressions, given in order so each is a reaction to the preceding argument. Read each expression aloud with the example, then study it. In this table, A is the supporting side and B the opposing side. However, either side can use any of the expressions. For each expression, possible conjugation particles are given. The particle following the brackets should be attached directly to the last word in the statement. For example, if you choose to use the statement 인간과 인공지능은 사랑을 할 수 있다, simply attach the ending - 고 생각합니다 to produce 인간과 인공지능은 사랑을 할 수 있다고 생각합니다.

	Strategy	Debate expression
B	1 Opposing the Argument	[**statement**] 수 없습니다. 인간은 인공지능과 진정으로 사랑을 나눌 This expression delivers the speaker's stance by showing that the content of the statement could not be a possibility.
A	2-1 Disagreeing	저는 그 의견에 동의할 수가 없습니다. This is a formal idiomatic expression that shows a speaker's disagreement with a specific argument.
A	2-2 Providing Support	[**fact**] - 기 때문입니다. 사람들은 로봇과 결혼하며 행복해 하 This expression provides support to a preceding assertion.
B	3 Refuting in Question Form	[**statement**] - 고 생각하십니까? 인간이 진정으로 로봇을 사랑할 수 있다 This form allows the speaker to restate what the opposing team has argued by turning it into a question. Restating the opposing team's argument shows that you heard it, you understand it and now you are going to point out its weaknesses and refute it.
A	4 Reiterating an Assertion	제 주장은 [**assertion**] - 는 것입니다. 인간은 이미 인공지능과 교감하고 있다 By using this expression, the speaker can elaborate on a point or adjust their argument. The assertion is embedded like a quotation, making it more formal and authoritative.

B. Write sentences using the debate expressions on page 27, substituting the phrases in brackets for your own arguments. Choose any supporting or opposing argument from the **Argument Development** section on page 25 or create your own. Compare your sentences with those given on page 181 of the Answer Key.

_____

_____

_____

_____

_____

_____

_____

_____

_____

_____

_____

_____

_____

_____

_____

_____

_____

C. Use the sentence structure at the head of each column and add content from the examples to engage in a turn-taking discussion of the topic with your partner or alone.

1) Substitution Drill 1

	[statement] 수 없습니다.	저는 그 의견에 동의할 수가 없습니다. [statement] – 기 때문입니다.
1.	인간이 인공지능을 사랑할	사랑은 인간만 하는 것이 아니
2.	로봇은 진정으로 사람을 사랑할	인간의 감정에 반응하는 로봇은 인간과 같
3.	컴퓨터 프로그램을 사랑할	사람들은 인공지능과 사랑을 하는 영화를 좋아하
4.	인간은 인공지능과 교감할	인공지능을 가족으로 생각할 수 있
5.	인간이 로봇을 사랑할	어떤 사람들은 로봇과 결혼하며 행복해하

2) Substitution Drill 2

	[statement] – 고 생각하십니까?	제 주장은 [statement] – 는 것입니다.
1.	인간이 진짜로 로봇을 사랑할 수 있다	인간의 사랑은 형태가 다양하다
2.	인공지능에게 마음이 있다	인공지능은 인간에게 상처를 주지 않는다
3.	가상 연예인에게 인격이 있다	사람들은 가상 연예인과 이미 교감하고 있다
4.	로봇이 사랑의 대상이라	어떤 사람들은 로봇을 사랑하며 행복해 한다
5.	인공지능이 자신을 희생할 수 있다	사회적 약자들에게는 인공지능 로봇이 필요하다

Debate Activities

A. Write a debate script with 2–3 speech opportunities for each side, resulting in a total of 5 speech turns. Refer to the **Argument Development** and **Debate Expressions** sections for help. Then read aloud what you have written, or conduct a role-play with a partner.

Role A (supporting): Humans can love an AI.	Role B (opposing): Humans cannot love an AI
1. Role A: State an argument	
	2. Role B
3. Role A	
	4. Role B
5. Role A	

B. You are now ready to debate. This may take place in the classroom, or you may simply use these new skills and knowledge in your interactions with other Korean speakers. Be sure to use the expressions learned in this chapter. Your debate may take the following format:

1. **First Supporting Speaker:** One minute to introduce the topic and state their overall view of support.

2. **First Opposing Speaker:** One minute to restate the opponent's viewpoint and state their overall opposition.

3. **Second Supporting Speaker:** Ask the first question to the opposing team.

4. **Second Opposing Speaker:** Two minutes to answer/explain position (using evidence).

5. Continue this process as long as needed.

6. **Two Minute Break for Opposing Summary/Rebuttal Speech Preparation.**

7. **Opposing Summary/Rebuttal Speaker:** Two minutes to make concluding remarks.

8. **Supporting Summary/Rebuttal Speaker:** Two minutes to make concluding remarks.

C. Imagine who your audience might be, then write a position paper for each side using the arguments and the expressions practiced in the previous activities. Your paper should include 서론 (Introduction), 본론 (Body) and 결론 (Conclusion). A sample answer is given on page 182.

1. 찬성 (Humans can love an AI.)

서론	
본론	
결론	

2. 반대 (Humans cannot love an AI.)

서론	
본론	
결론	

Reflections

Reflect on your achievements by ticking the statements below that apply to you. Then make a list of any questions you may still have about the topic and improvements you can make in your debate skills for the next chapter.

☐ 나는 인간과 인공지능의 사랑을 지지하는 입장에서 토론을 할 수 있다.
☐ 나는 인간과 인공지능의 사랑에 반대하는 입장에서 토론을 할 수 있다.
☐ 나는 이 토론 주제에 대해서 양쪽 모두의 주장을 반박할 수 있다.
☐ 나는 본 단원에서 배운 토론 표현을 자유롭게 사용하며 토론을 할 수 있다.

학습 후기, 질문, 향후 학습 시 개선 사항:

_____

_____

_____

_____

_____

_____

_____

_____

_____

_____

_____

_____

_____

_____

_____

CHAPTER 2

금수저, 흙수저
Silver Spoon, Wooden Ladle
Can anyone be successful no matter what social status they are born with?

Read the following passage and discuss or write your thoughts.

세계 불평등 연구소에 따르면 전세계 상위 10%가 전체 자산의 76%, 소득의 52%를 가지고 있는 것으로 나타났다. 상위 10%가 하위 50%에 비해 38 배의 자산과 6 배의 소득을 갖고 있는 것이다. 이와 같은 빈부격차는 전세계적인 현상이다. 이는 상위층이 부의 성장률 대부분을 가져가고 중산층을 비롯한 다른 계층들의 부는 줄어들고 있기 때문에 나타난다. 이와 같이 부유층은 점점 부자가 되고 빈곤층은 점점 가난해지는 현상을 부의 양극화라고 한다.

Key Vocabulary

불평등	inequality	자산	asset
빈부격차	rich-poor gap	중산층	middle class
상위/ 하위	upper/lower		

Part 1   Warm-up

Background Knowledge Activation
A. With a partner or in writing, discuss the following questions.

1. 여러분들이 알고 있는 "어려운 환경에서 노력하여 성공한 사례"를 이야기해 보십시오.

2. 한국 속담 "개천에서 용났다"의 뜻을 찾아보십시오. 이 속담과 "From Rags to Riches"라는 속담의 공통점과 차이점을 찾아보십시오.

3. 부모의 경제적 상황이 자녀의 성공에 얼마나 영향을 미치는지 이야기해 보십시오.

B. The table below shows the relationship between the father's occupation and the child's occupation. Do your responses to the previous discussion match what is shown here? Discuss with a partner, or make notes.

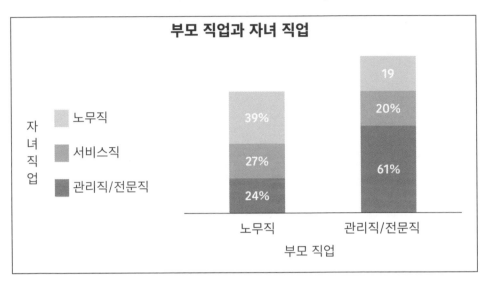

Key Vocabulary

관리직	administrative jobs	서비스직	service jobs
노무직	laboring jobs	전문직	professional jobs

C. 능력주의 (meritocracy) states that economic and social rewards should be given to individuals based on their talent, effort and achievements. Meanwhile, 평등주의 (egalitarianism) states that everyone should be given equal rights and opportunities regardless of their talent, effort or achievements. Read the definitions below and discuss or make notes on how meritocracy can be refuted by egalitarianism, and vice versa.

능력주의 Meritocracy	평등주의 Egalitarianism
개인의 능력과 노력, 성취 정도에 따라 보상이 주어져야 한다는 생각이다. 재산이나 부모의 배경과 상관없이 개인의 능력과 성취만을 판단한다. 이와 같은 제도 하에서는 능력이 좋은 사람에게 더 기회를 많이 주므로 사회도 발전하게 된다고 본다.	능력만으로 결과가 정해지는 것은 사회를 불평등하게 만들므로 약자에게 기회를 더 주고, 경쟁에서 실패한 사람들에게도 보상을 해 주어야 한다는 생각이다. 불평등한 사회는 불안정해지므로 계층 간 격차를 줄여야 사회가 지속될 수 있다고 본다.

For more information search Wikipedia.org (English) or Naver.com (Korean).

Main Idea Exploration

A. Make possible word combinations by filling in the blanks with collocating words. Discuss the meaning of each combination. The collocating words may be used multiple times, and not all blanks have to be filled in. Find the answers on page 182.

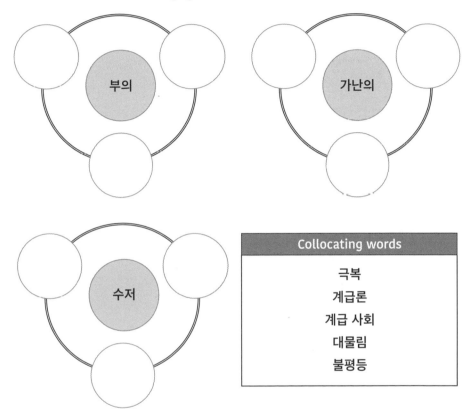

Collocating words
극복
계급론
계급 사회
대물림
불평등

B. Read the following arguments and indicate whether you agree or disagree.

1. 돈이 많으면 성공한 것이다.   (   )

2. 부유하지 않아도 좋은 교육을 받을 수 있다.   (   )

3. 부유한 집의 자녀가 커서도 부유해진다.   (   )

4. 가난한 사람도 노력하면 부자가 될 수 있다.   (   )

5. 수저 계급 사회는 자연스러운 현상이다.   (   )

C. If working with a study partner, compare your answers and discuss.

Part 2 Comprehension and Expressions

Content Comprehension

A. 🎧 Listen to audio file #2 and follow along with the main text below.

B. Read the text again and look up any unfamiliar words in the vocabulary list on the facing page or in a dictionary.

> ### 찬성측: 흙수저도 노력하면 성공할 수 있다.
> ### Supporting side: Less privileged people can succeed through effort alone.

수저에 따라서 계급이 나뉜다는 수저 계급론은 노력을 하지 않는 사람들의 변명일 뿐입니다. 수저탓을 하는 것은 수동적인 태도입니다. 그런 이야기를 하는 사람들은 자신의 책임을 다른 사람에게 돌리는 것입니다. 무엇보다도 부모를 돈으로 보는 것은 아주 잘못된 가치관입니다.

부모의 재력만으로 성공할 수는 없습니다. 우선, 좋은 교육의 기회는 자신이 노력해야 얻을 수 있습니다. 또한 집안이 부유하고 좋은 교육을 받아도 실패하는 사람들도 많습니다. 부모에게 회사를 물려받지 않았지만 성공한 사업가들도 많이 있습니다. 부모의 재력이 도움이 되기는 하지만 결국 성공과 실패는 자신의 노력이 결정하는 것입니다.

> ### 반대측: 경제적 도움 없이 노력만으로는 성공할 수 없다.
> ### Opposing side: Less privileged people cannot succeed through effort alone.

부의 대물림 현상은 전세계에서 나타나고 있습니다. 이것은 한 나라만의 문제가 아니라 우리가 갖고 있는 경제 체제의 문제입니다. 더 이상 개인의 노력만으로는 불평등한 사회 구조를 극복할 수 없습니다. 이러한 점을 이해하고 국가 정책을 만들어야 합니다.

예전과는 달리 현대 사회는 부모의 재력이 있어야 좋은 교육을 받을 수 있고 노력을 할 환경도 됩니다. 성공한 사람들은 모두 어느 정도 경제적 여유가 있고 부모가 많은 지원을 해 준 사람들입니다. 반면에, 가난한 사람들이 성공하는 예는 찾아보기 어렵습니다. 이것은 능력이 부족해서라고 볼 수 없습니다. 따라서, 경제적 환경을 생각하지 않고 결과만을 평가하는 것은 불공정합니다.

Key Vocabulary

가치관	values	불공정	unfairness
극복하다	to overcome	수동적	passive
대물림	passing down	재력	wealth
돌리다	to impute	정책	policy
물려받다	to inherit	체제	system
변명	an excuse	탓	fault
부유하다	to be rich		

C. Comprehension check. Find the answers on page 182.

1. According to the text, which argument supports the concept that less privileged people can succeed by effort alone?

   a. 수지팃을 하는 것은 당연하다.

   b. 부모의 경제적 지원은 자녀의 성공에 중요하다.

   c. 집안 환경이 좋아도 노력을 해야 성공할 수 있다.

   d. 성공과 실패에는 부모의 재력이 가장 중요하다.

2. According to the text, which argument opposes the concept that less privileged people can succeed by effort alone?

   a. 불평등은 사회 구조의 문제이다.

   b. 공부만 열심히 하면 성공할 수 있다.

   c. 일부 국가들에서만 부의 대물림 현상이 나타난다.

   d. 개인이 노력하면 불평등한 환경을 극복할 수 있다.

3. Choose the most relevant support for the statement 성공과 실패는 자신의 노력이 결정하는 것이다.

   a. 결과만을 평가하는 것은 불공정하다.

   b. 부모의 재력이 있어야 학교 성적도 좋아진다.

   c. 성공한 사람들은 좋은 환경에서 공부한 사람들이다.

   d. 부모에게 회사를 물려받지 않아도 성공하는 사람들이 있다.

4. Choose the most accurate paraphrase of the statement 개인의 노력으로 불평등한 구조를 극복할 수 없다.

a. 학교 성적이 좋아야 성공할 수 있다.

b. 집안이 부유해도 노력해야 성공할 수 있다.

c. 부모를 돈으로 보는 것은 잘못된 가치관이다.

d. 경제적 환경은 개인의 성공에 많은 영향을 미친다.

5. Which is NOT a point of the debate according to the main text?

a. 사회 구조

b. 개인의 노력

c. 부모의 사랑

d. 세상을 보는 가치관

D. Brainstorm and add related words or ideas to each statement. You may find them in the main text, in a dictionary, or online.

Silver spoon or wooden ladle?	Words and concepts
흙수저도 성공할 수 있다.	1. 노력 2. 가치관 3. 4. 5.
부모의 재력이 있어야 성공할 수 있다.	1. 교육 2. 부모의 지원 3. 4. 5.

Useful Sentences for Discussion and Debate

A. Study the sentence structures by doing the exercises below. Find the answers on page 182.

Key verbs				
극복하다	나타나다	물려받다	변명이다	수동적이다

1. Fill in the blanks using key verbs from the box above. Use appropriate grammatical markers, and/or conjugate, if necessary (e.g., 먹다 → 먹고, 먹은, 먹어야 합니다).

   a. _____ 태도를 가진 사람들이 꼭 수저탓을 합니다.

   b. 회사를 _____ 사람들이 꼭 성공하는 것은 아닙니다.

   c. 그는 어려운 환경을 _____ 성공했습니다.

   d. 돈이 없어서 노력을 못 했다는 것은 _____ .

   e. 부모가 부자인 사람들이 성공하는 경우가 많이 _____ .

2. Rephrase the underlined expressions using words from the box.

   a. "개천에서 용났다"는 어려운 환경을 <u>뛰어넘은</u> 사람에게 쓰는 말입니다.

   _____

   b. 이 땅은 <u>할아버지께서 주신 것입니다</u>.

   _____

   c. <u>노력하지 않고 가정환경 탓만 하는</u> 태도로는 성공할 수 없습니다.

   _____

   d. 친구 때문에 실수를 했다는 것은 <u>자신이 책임을 안 지려고 하는</u> 말입니다.

   _____

   e. 가끔 가난한 집안에서 태어난 사람이 성공하는 사례도 <u>있습니다</u>.

   _____

B. Study the grammatical markers by doing the exercises below. Find the answers on page 182.

1. Fill in the blanks with the appropriate grammatical marker. You may leave the space blank if no grammatical marker is needed.

Grammatical markers				
까지	도	만으로	면	은/는

   a. 가난한 사람이 성공하(   ) 예가 있습니다.

   b. 지금은 노력(   ) 성공할 수 있는 시대가 아닙니다.

   c. 집안의 부가 성공에 도움이 되기(   ) 합니다.

2. Choose the appropriate word for each sentence.

   a. 그러한 (생각까지는/생각으로는) 사회를 바꿀 수 없습니다.

   b. 사람을 (돈에/돈으로) 판단하는 것은 잘못된 태도입니다.

   c. 노력 (없게/없이) 성공하는 것은 불가능합니다.

Part 3   Debate

Argument Development

Arguments are logical propositions that support the debaters' stance. Debaters defend their own statements and attempt to find flaws in the opponent's arguments.

A. Read and analyze each argument. Look for factual and/or logical flaws. Discuss or write your thoughts.

> ### 찬성측: 흙수저도 노력하면 성공할 수 있다.
> ### Supporting side:
> ### Less privileged people can succeed through effort alone.

1. 좋은 교육 기회는 자신이 노력해야 얻을 수 있는 것입니다.

2. 수저탓을 하는 것은 수동적인 태도입니다.

3. 수저 계급론은 노력하지 않는 사람들의 변명일 뿐입니다.

4. 부모를 돈으로 보는 것은 잘못된 가치관입니다.

5. 부모에게 회사를 물려받지 않은 성공한 사업가도 많습니다.

> ### 반대측: 경제적 도움 없이 노력만으로는 성공할 수 없다.
> ### Opposing side:
> ### Less privileged people cannot succeed through effort alone.

1. 부모가 부유해야 좋은 교육을 받을 수 있습니다.

2. 집안 환경이 좋아야 노력도 할 수 있습니다.

3. 성공한 사람들은 부모가 많은 지원을 해 준 사람들입니다.

4. 전세계에서 부의 대물림 현상이 나타나고 있습니다.

5. 개인의 노력만으로 불평등한 사회 구조를 극복할 수 없습니다.

B. Read the arguments below. Match each argument on the left to the one on the right that opposes it. Find the answers on page 182.

Arguments stating that less privileged people can succeed through effort alone	Arguments stating that less privileged people can succeed through effort alone
1. 좋은 교육 기회는 자신이 노력해야 얻을 수 있는 것입니다.	a. 부모가 부유해야 좋은 교육을 받을 수 있습니다.
2. 수저탓을 하는 것은 수동적인 태도입니다.	b. 집안 환경이 좋아야 노력도 할 수 있습니다.
3. 수저 계급론은 노력하지 않는 사람들의 변명일 뿐입니다.	c. 성공한 사람들은 부모가 많은 지원을 해 준 사람들입니다.
4. 부모를 돈으로 보는 것은 잘못된 가치관입니다.	d. 전세계에서 부의 대물림 현상이 나타나고 있습니다.
5. 부모에게 회사를 물려받지 않은 성공한 사업가도 많습니다.	e. 개인의 노력만으로 불평등한 사회 구조를 극복할 수 없습니다.

C. In pairs, each take a side and role-play, referring to the chart in the previous exercise. After one reads an argument on the left, the other reads the counterargument. Repeat this for all statements. If you are studying alone, read both sides of the argument aloud.

Debate Expressions

A. You can deliver arguments effectively by using the following expressions. The expressions are in order so that each one is a reaction to the preceding argument. Read each expression aloud with the example, then study it. In this table, A is the supporting side and B is the opposing side. However, either side can use any of the expressions. For more detailed instructions on how to use this chart, see page 27.

Strategy		Debate expression
B	1 Arguing Based on Changing Times	[proverb/tradition] - 던 시대는 지나갔습니다. 개천에서 용 나
		With this expression, the speaker can support their idea by arguing that traditions in the past are not relevant anymore.
A	2 Softening a Disagreement	저는 조금 생각이 다릅니다.　[(refute) assertion] 노력을 통해 흙수저도 성공할 수 있습니다.
		This is a rebuttal, but using 조금 makes speech slightly softer and less aggressive.
B	3 Refuting Generalizations	예외적인 사례를 일반화하지 마십시오.
		This refutes an opponent's assertion by claiming that the case is extraordinary and cannot be generalized.
A	4 No Interruptions	제가 하던 말을 끝내게 해 주십시오. [(supplementary) assertion] 수저 계급론은 게으른 사람들의 변명일 뿐입니다.
		This expression is used to ask the opponent to stop interrupting and allows the speaker to add assertions.
B	5 Direct Rebutting	그렇지 않습니다. [assertion] - 는 것입니다 집안 환경이 좋아야 노력도 할 수 있
		This expression serves as a rebuttal and allows the speaker to add their own assertion at the end.

B. Write sentences using the debate expressions on the facing page, substituting the phrases in brackets for your own arguments. Choose any supporting or opposing argument from the **Argument Development** section on page 44 or create your own. Compare your sentences with those given on page 182–183 of the Answer Key.

C. Use the sentence structure at the head of each column and add content from the examples to engage in a turn-taking discussion of the topic with your partner or alone.

1) Substitution Drill 1

	[proverb/tradition] - 던 시대는 지나갔습니다.	저는 조금 생각이 다릅니다. [refute assertion]	예외적인 사례를 일반화하지 마십시오.
1.	개천에서 용 나	흙수저도 노력하면 성공할 수 있습니다.	
2.	노력해서 성공하	부모의 재력 없이 성공하는 사람들도 있습니다.	
3.	부모의 재력 없이 좋은 교육을 받	부모의 도움 없이 좋은 교육을 받는 사람들도 있습니다.	(no substitute words)
4.	사업가가 혼자 성공하	혼자 힘으로 회사를 키우는 사업가들도 있습니다.	
5.	부모의 지원 없이 노력할 수 있	노력은 부모가 아니라 자신이 하는 것입니다.	

2) Substitution Drill 2

	제가 하던 말을 끝내게 해 주십시오. [supplementary assertion]	그렇지 않습니다. [assertion] 것입니다.
1.	수저계급론은 변명일 뿐입니다.	집안 환경이 좋아야 성공할 가능성이 큰
2.	노력하는 사람들은 도움을 받을 수 있습니다.	부모의 재력이 가장 확실한 도움인
3.	재력이 있어도 노력을 해야 기회가 생깁니다.	부모가 부유해야 노력할 환경이 되는
4.	유명 회사들이 모두 물려받은 회사들은 아닙니다.	그 회사 경영자들은 좋은 교육을 받은 사람들인
5.	부모를 돈으로 보는 것은 잘못된 가치관입니다.	부의 대물림은 현실인

Debate Activities

A. Write a debate script with 2–3 speech opportunities for each side, resulting in a total of 5 speech turns. Refer to the **Argument Development** and **Debate Expressions** sections for help. Then read aloud what you have written, or conduct a role-play with a partner.

Role A (supporting): Less privileged people can succeed through effort alone.	Role B (opposing): Less privileged people cannot succeed through effort alone.
1. Role A: State an argument	
	2. Role B
3. Role A	
	4. Role B
5. Role A	

B. You are now ready to debate. This may take place in the classroom, or you may simply use these new skills and knowledge in your interactions with other Korean speakers. Be sure to use the expressions you have learned in this chapter. Your debate may take the format outlined on page 31.

C. Imagine who your audience might be, then write a position paper for each side using the arguments and the expressions practiced in the previous activities. Your paper should include 서론 (Introduction), 본론 (Body) and 결론 (Conclusion). A sample answer is given on page 183.

1. 찬성 (Less privileged people can succeed through effort alone.)

서론	
본론	
결론	

2. 반대 (Less privileged people cannot succeed through effort alone.)

서론	
본론	
결론	

Reflections

Reflect on your achievements by ticking the statements below that apply to you. Then make a list of any questions you may still have about the topic and improvements you can make in your debate skills for the next chapter.

- ❑ 나는 흙수저도 노력하면 성공할 수 있다는 입장에서 토론을 할 수 있다.
- ❑ 나는 흙수저가 노력만으로는 성공할 수 없다는 입장에서 토론을 할 수 있다.
- ❑ 나는 이 토론 주제에 대해서 양쪽 모두의 주장을 반박할 수 있다.
- ❑ 나는 본 단원에서 배운 토론 표현을 자유롭게 사용하며 토론을 할 수 있다.

학습 후기, 질문, 향후 학습 시 개선 사항:

_____

_____

_____

_____

_____

_____

_____

_____

_____

_____

_____

_____

_____

CHAPTER 3

소셜 미디어의 영향
The Power of Social Media
Is social media a waste of time?

Read the following passage and discuss or write your thoughts.

소셜 미디어를 통한 가짜 뉴스 전파가 사회 문제가 되고 있다. 이러한 뉴스들은 기존 뉴스보다 몇 배나 빨리 퍼진다. 자극적인 뉴스 제목과 내용에 사람들이 자꾸 클릭을 하기 때문이다. 이러한 가짜 뉴스들은 소셜 미디어 회사들에게 많은 이익을 가져다준다. 사용자들의 이용 시간과 클릭 수가 증가하기 때문이다. 가장 큰 문제는 이러한 뉴스들이 정치적 문제와 같은 사회적 대립을 악화시킨다는 것이다.

Key Vocabulary

대립	conflict	자극적	provocative
사회 문제	social problem	전파	spread
악화시키다	to worsen		

Part 1 Warm-up

Background Knowledge Activation

A. Review the chart below and discuss the questions that follow with a partner, or write your responses.

연령별 소셜 미디어 이용률

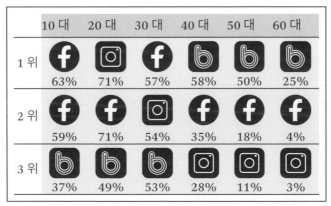

	10 대	20 대	30 대	40 대	50 대	60 대
1 위	63%	71%	57%	58%	50%	25%
2 위	59%	71%	54%	35%	18%	4%
3 위	37%	49%	53%	28%	11%	3%

1. 사람들이 가장 많이 사용하는 소셜 미디어는 무엇이며 이용자들의 연령대에 따라 많이 사용하는 소셜 미디어가 달라지는 이유는 무엇입니까?

2. 여러분이 가장 많이 사용하는 소셜 미디어는 무엇입니까? 왜 많이 사용하는지 의견을 나눠 보십시오.

B. Review the graph below and discuss the following questions in groups or think about them on your own.

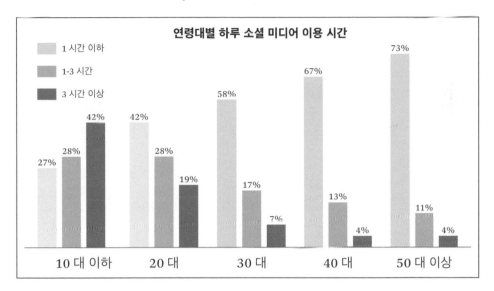

연령대별 하루 소셜 미디어 이용 시간

- 1 시간 이하
- 1-3 시간
- 3 시간 이상

10 대 이하: 27%, 28%, 42%
20 대: 42%, 28%, 19%
30 대: 58%, 17%, 7%
40 대: 67%, 13%, 4%
50 대 이상: 73%, 11%, 4%

1. 여러분은 하루에 소셜 미디어를 몇 시간 사용합니까? 그 시간이 적당하다고 봅니까 ??

2. 여러분이 소셜 미디어에서 주로 하는 활동은 무엇입니까?

3. 위 표에서 연령대별로 소셜 미디어 이용 시간에 차이가 나는 이유는 무엇이라고 생각합니까?

Cultural Awareness

A. Read the text below and explain what the two terms "Analog Emotions" and "Digital Era" mean. Think about how they reflect the irony of the topic. Discuss or make notes on whether it is possible to find a balance between these two concepts or if it is inevitable that we will change the way we interact with digital devices.

아날로그 감성과 디지털 시대
Analog Emotions and the Digital Era

아날로그 감성은 지금과 같이 전자기기들을 사용하기 이전에 느꼈던 감정과 정서를 의미합니다. 손으로 글씨를 써서 편지를 보내거나 LP 레코드 판으로 음악을 듣고, 필름 카메라로 사진을 찍을 때의 경험들을 아날로그 감성이라고 할 수 있습니다.

디지털 시대는 디지털 기술이 모든 것의 중심이 되는 현대를 의미합니다. 컴퓨터나 스마트폰을 통해 모든 일이 처리되고 있으며 다른 사람과 교류하는 것도 소셜 미디어에서 이루어집니다. 그런데 이러한 시대에 사람들이 다시 아날로그 시대에 사용하던 LP 레코드나 필름 카메라를 찾는 사람들이 많아지고 있습니다. 디지털의 편리함을 즐기면서도 아날로그 감성을 그리워하기 때문입니다.

B. Using the phrases 소셜 미디어, 아날로그 감성 and 디지털 시대, make a list of subtitles that could be used for this chapter, The Power of Social Media. It can be a simple listing of two phrases using grammatical markers such as 와/과 or 의, or a combination of the phrases below. Compare your answers with a study partner if you have one, and with the answers given on page 183.

Example 1: [아날로그 감성] 과 [소셜 미디어]
　　　　　　target phrase　　　target phrase

Example 2: [디지털 시대] 의 [인간관계는 어떻게 변화하는가?]
　　　　　　target phrase　　　　　　topic phrase

1. _____

2. _____

3. _____

4. _____

5. _____

Main Idea Exploration

A. Make possible word combinations by filling in the blanks with the collocating words. In this exercise, the words in the outer circles modify the words in the inner circles Discuss the meaning of each combination. Words may be used multiple times, and not all blanks have to be filled in. Find the answers on page 183.

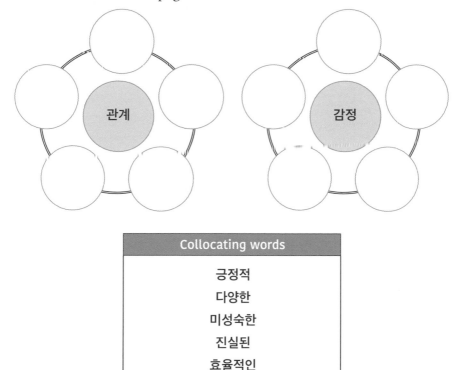

Collocating words
긍정적
다양한
미성숙한
진실된
효율적인

B. Read the following arguments and indicate whether you agree or disagree.

1. 소셜 미디어를 통해 효율적인 인간관계를 만들 수 있다.   (   )

2. 소셜 미디어에서는 부정적 감정을 느끼게 된다.   (   )

3. 사람들은 스스로를 과시하기 위해 소셜 미디어를 사용한다. (   )

4. 청소년들은 정서적으로 아직 미성숙하다.   (   )

5. 소셜 미디어에서 진실된 인간관계를 만들 수 있다.   (   )

C. If working with a study partner, compare your answers and discuss.

Part 2　Comprehension and Expressions

Content Comprehension

A.　🎧 Listen to audio file #3 and follow along with the main text below.

B.　Read the text again and look up any unfamiliar words in the vocabulary list on the facing page or in a dictionary.

> **찬성측: 소셜 미디어는 새로운 의사소통 수단이다.**
> **Supporting side: Social media is an essential form of communication.**

현대 사회는 소셜 미디어를 해야 사회생활이 가능한 시대입니다. 많은 활동이 소셜 미디어를 통해서 이루어집니다. 온라인에서는 시간과 공간의 제약이 없기 때문에 전세계의 다양한 사람들과 교류할 수 있다는 점이 가장 큰 장점입니다. 또한, 도움이 필요한 사람들에게 조언을 해 주거나 경제적 도움을 주는 활동을 손쉽게 할 수 있습니다. 정보만 공유하는 등의 새로운 형태의 효율적인 인간관계도 만들 수 있습니다.

　　소셜 미디어를 통한 교류는 실제 관계로도 이어집니다. 온라인 공간에서 활동하다가 오프라인에서 만나 더 깊은 관계를 형성할 수 있습니다. 또한, 소셜 미디어 활동을 통해 전문성을 인정받고 취업을 할 수도 있습니다. 소셜 미디어 형태의 구인/구직 사이트에서는 자신의 이력서가24 시간 홍보됩니다. 공개적인 활동이 필요한 정치인이나 연예인들은 소셜 미디어를 통해 대중과 소통하고 가까워질 수 있습니다. 인간관계의 제약이 없어지고 편리성과 다양성이 증가되는 것입니다.

반대측: 소셜 미디어는 시간낭비다.
Opposing side: Social media is a waste of time.

컴퓨터 화면을 통해서는 진실된 인간관계를 맺을 수 없습니다. 소셜 미디어는 주로 자신을 과시하고 허영심을 채우는 수단으로 사용됩니다. 누군가가 멋진 여행이나 맛있는 음식, 새로 산 물건 등의 사진을 올리면 다른 사람들이 이를 보면서 상호작용을 하는 것입니다. 따라서 계속 자신과 타인을 비교하게 되고 부정적인 감정만 느끼게 됩니다.

소셜 미디어 회사는 이용자들이 자신들의 서비스에서 최대한 오래 시간을 보내도록 만듭니다. 이렇게 계속 온라인에서 활동을 하다 보면 중독이 되기 쉽습니다. 소셜 미디어 활동에 빠져서 다른 중요한 일을 못 하기도 합니다. 소셜 미디어를 많이 이용하는 학생들은 성적이 떨어진다는 연구 결과도 있습니다. 이와 같은 사회 문제를 해결하기 위해서는 우선 정서적으로 미성숙한 청소년들의 소셜 미디어 사용을 제한해야 합니다. 그리고 모든 연령층을 대상으로 올바른 소셜 미디어 사용을 위한 교육을 해야 합니다.

Key Vocabulary

과시하다	to show off	전문성	professionalism
교류하다	to exchange	정서	sentiment
맺다	to form a relationship	제약	restriction
미성숙하다	to be immature	제한하다	to limit
상호작용	interaction	중독	addiction
소통하다	to communicate	허영심	vanity
수단	means	형성하다	to form
연령층	age group	홍보	publicity

C. Comprehension check. Find the answers on page 183.

1. According to the text, which argument supports the idea that social media is an essential form of communication?

   a. 정치인들은 사용하기 어렵다.

   b. 기존 인간관계와 똑같은 형태이다.

   c. 실제 인간관계를 만드는 데에 도움을 준다.

   d. 소셜 미디어를 통하지 않아도 모든 사회 활동을 할 수 있다.

2. According to the text, which argument opposes the extensive use of social media?

   a. 청소년들의 사용을 제한해야 한다.

   b. 진정한 인간관계를 맺을 수 있다.

   c. 잠깐씩만 사용하면 큰 문제가 없다.

   d. 사회 활동을 통해 정신적으로 건강해진다.

3. Choose the most appropriate support for the statement 소셜 미디어를 통한 교류는 실제 관계로도 이어진다 from the supporting side.

   a. 온라인 활동을 통해 취업을 할 수 있다.

   b. 온라인에서는 시간과 공간의 제약이 없다.

   c. 소셜미디어를 너무 많이 사용하면 중독이 되기 쉽다.

   d. 소셜미디어 회사는 사용자들이 서비스를 오래 사용하도록 만든다.

4. Choose the most accurate meaning of the statement 정서적으로 미성숙한 청소년들의 소셜미디어 사용을 제한해야 한다.

   a. 성숙한 청소년들은 소셜 미디어를 사용해도 된다.

   b. 미성숙한 청소년들에게는 소셜 미디어를 사용할 권리가 없다.

   c. 미성숙한 청소년들이 소셜 미디어에 중독되지 않도록 보호해야 한다.

   d. 중독될 수 있기 때문에 소셜 미디어는 모든 연령의 사람들에게 안 좋은 것이다.

5. Which is NOT a point of the debate according to the main text?

   a. 시대적 변화

   b. 의사소통의 방법

   c. 취직의 어려움

   d. 인간관계의 종류

D. Brainstorm and add related words or ideas to each statement. You may find them in the main text, in a dictionary, or online.

Perspectives on social media	Words and concepts
소셜미디어는 새로운 의사소통 방법이다.	1. 인간관계 2. 교류 3. 4. 5.
소셜미디어는 시간 낭비이다.	1. 중독 2. 성적 하락 3. 4. 5.

Useful Sentences for Discussion and Debate

A. Study the sentence structures by doing the exercises below. Find the answers on page 183.

Key verbs				
가능하다	과시하다	교류하다	맺다	제한하다

1. Fill in the blanks using key verbs from the box above. Use appropriate grammatical markers, and/or conjugate, if necessary (e.g., 먹다 → 먹고, 먹은, 먹어야 합니다).

   a. 중독을 막기 위해 소셜 미디어 사용 시간을 _____.

   b. 소셜 미디어로 직업을 찾는 것이 _____.

   c. 소셜 미디어로 전세계의 다양한 사람들과 관계를 _____.

   d. 전세계의 다양한 사람들과 _____ 것은 큰 즐거움입니다.

   e. 많은 사람들이 소셜 미디어에서 자신이 산 물건을 _____.

2. Rephrase the underlined expressions using words from the box.

   a. 그 친구는 자기가 부자라는 것을 항상 <u>자랑합니다</u>.

   _____

   b. 그는 정기적으로 학교에 가서 친구들과 <u>이야기도 하고 밥도 먹습니다</u>.

   _____

   c. 저는 요즘 새 직장을 구해서 새로운 사람들과 관계를 <u>형성하고 있습니다</u>.

   _____

   d. 어린이 보호 구역에서는 속도를 20마일로 <u>막고 있습니다</u>.

   _____

   e. 인터넷만 있으면 다른 나라 사람과 영상 <u>영상통화를 할 수 있습니다</u>.

   _____

B. Study the grammatical markers by doing the exercises below. Find the answers on page 183.

1. Fill in the blanks with the appropriate grammatical marker. You may leave the space blank if no grammatical marker is needed.

Grammatical markers				
(으)로도	(으)로서	보다	에는	에서

   a. 인터넷 활동이 실제 직업(   ) 이어집니다

   b. 소셜 미디어를 이용하는 시간(   ) 다른 일을 하지 못합니다.

   c. 사람들은 다른 사람과의 교류(   ) 심리적 안정감을 얻을 수 있습니다.

2. Choose the appropriate word for each sentence.

   a. 소셜 미디어를 통해 (손십게/손쉬운) 나쁜 사람들을 도와줄 수 있습니다.

   b. (아직/이미) 미성숙한 청소년들의 소셜 미디어 사용 시간을 제한해야 합니다.

   c. 소셜 미디어에서는 (진실된/진실인) 인간 관계를 맺을 수 없습니다.

Part 3　Debate

Argument Development

Arguments are logical propositions that support the debaters' stance. Debaters defend their own statements and attempt to find flaws in the opponent's arguments.

A.　Read and analyze each argument. Look for factual and/or logical flaws. Discuss or write your thoughts.

찬성측: 소셜 미디어는 새로운 의사소통 수단이다.
Supporting side: Social media is an essential form of communication.

1. 취업도 소셜 미디어로 가능합니다.

2. 전세계의 다양한 사람들과 교류할 수 있습니다.

3. 정보만 공유하는 등 새로운 형태의 효율적인 관계도 가능합니다.

4. 소셜 미디어를 잘 이용하는 것이 실제 인간관계로도 이어집니다.

5. 이미 소셜 미디어를 이용해야 사회생활이 가능한 시대입니다.

6. 현대 사회의 많은 활동이 소셜 미디어를 통해 이루어지고 있습니다.

7. 정치인이나 연예인들은 소셜 미디어를 통해 대중과 가까워질 수 있습니다.

반대측: 소셜 미디어는 시간낭비다.
Opposing side: Social media is a waste of time.

1. 소셜 미디어에서는 자신과 타인을 비교하면서 부정적인 감정만 느끼게 됩니다.

2. 소셜 미디어 활동을 하다 보면 중독이 되기 쉽습니다.

3. 소셜 미디어는 자신을 과시하고 허영심을 채우는 수단입니다.

4. 소셜 미디어에 시간을 너무 많이 뺏겨서 다른 일을 하지 못합니다.

5. 컴퓨터 화면을 통해서는 진실된 인간관계를 맺을 수가 없습니다.

6. 올바른 소셜 미디어 사용을 위한 교육을 해야 합니다.

7. 아직 정서적으로 미성숙한 청소년들의 소셜 미디어 사용을 제한해야 합니다.

B. Read the arguments below. Match each argument on the left to the one on the right that opposes it. Find the answers on page 183.

Arguments stating that social media is an essential form of communication	Arguments stating that social media is a waste of time
1. 취업도 소셜 미디어로 가능합니다.	a. 소셜 미디어에서는 자신과 타인을 비교하면서 부정적인 감정만 느끼게 됩니다.
2. 전세계의 다양한 사람들과 교류할 수 있습니다.	b. 소셜 미디어 활동을 하다 보면 중독이 되기 쉽습니다.
3. 정부만 공유하는 등 새로운 형태의 효율적인 관계도 가능합니다.	c. 소셜 미디어는 자신을 과시하고 허영심을 채우는 수단입니다.
4. 소셜 미디어를 잘 이용하는 것이 실제 인간관계로도 이어집니다.	d. 소셜 미디어에 시간을 너무 많이 뺏겨서 다른 일을 하지 못합니다.
5. 이미 소셜 미디어를 이용해야 사회생활이 가능한 시대입니다.	e. 컴퓨터 화면을 통해서는 진실된 인간관계를 맺을 수가 없습니다.
6. 현대 사회의 많은 활동이 소셜 미디어를 통해 이루어지고 있습니다.	f. 올바른 소셜 미디어 사용을 위한 교육을 해야 합니다.
7. 정치인이나 연예인들은 소셜 미디어를 통해 대중과 가까워질 수 있습니다.	g. 아직 정서적으로 미성숙한 청소년들의 소셜 미디어 이용을 제한해야 합니다.

C. In pairs, each take a side and role-play, referring to the chart in the previous exercise. After one reads an argument on the left, the other reads the counterargument. Repeat this for all statements. If you are studying alone, read both sides of the argument aloud.

Debate Expressions

A. You can deliver arguments effectively by using the following expressions. The expressions are in order so that each one is a reaction to the preceding argument. Read each expression aloud with the example, then study it. In this table, A is the supporting side and B is the opposing side. However, either side can use any of the expressions. For more detailed instructions on how to use this chart, see page 27.

	Strategy	Debate expression
B	1-1 Expressing a Stance	저는 [**statement**] - 에 대해 부정적인 입장입니다. 소셜 미디어 This expresses the speaker's negative stance, but not aggressively. It is useful when a topic is already a social trend or when a speaker wants to deliver their stance objectively, rather than emotionally.
	1-2 Providing Possible Outcomes	[**outcome**] 수 있습니다. 정서적으로 미성숙한 청소년들에게 잘못된 영향을 줄 By using the dependent noun 수, the speaker indicates that the issue is not always true, but is possible.
	1-3 Expressing "Ought" Opinions	[**issue**] - 은/는 [**ought**] - 야 된다고 봅니다. 청소년들의 사용　　제한해 This expression elaborates the speaker's opinion. The "issue" refers to a subcategory of the main topic. The speaker's stance is expressed through the "ought" position. Topicalizing the "issue" by using 은/는 is the key to sounding more natural.
A	2-1 Direct Refuting	저는 그렇게 생각하지 않습니다. This expression directly expresses the speaker's opposing stance on the preceding claim.
	2-2 A Return Question with Support	[**assertion**]. 왜 단점만 강조하십니까? 오히려 청소년들이 전세계의 다양한 사람들과 교류할 수도 있는 것입니다 This is used for the speaker's assertion that directly opposes the claim made in 1-3, above. It is followed by a return question that shows that B is only highlighting the negative points of A's claim.

B. Write sentences using the debate expressions on the facing page, substituting the phrases in brackets for your own arguments. Choose any supporting or opposing argument from the **Argument Development** section on page 64 or create your own. Compare your sentences with those given on page 184 of the Answer Key.

_____

_____

_____

_____

_____

_____

_____

_____

_____

_____

_____

_____

_____

_____

_____

_____

C. Use the sentence structure at the head of each column and add content from the examples to engage in a turn-taking discussion of the topic with your partner or alone.

1) Substitution Drill 1

	저는 [statement] - 에 대해 부정적인 입장입니다.	[issue] 수 있습니다.	[assertion] 왜 단점만 강조하십니까?
1.	소셜 미디어	청소년들에게 잘못된 영향을 줄	청소년들이 교류의 폭을 넓히는 기회가 될 수도 있는 것입니다.
2.	다양한 인간관계	위험한 상황이 생길	평소에 만나기 어려운 사람들과 교류하게 될 수도 있는 것입니다.
3.	온라인 인간관계	가벼운 인간관계만 만들	편리하니까 더 자주 교류할 수도 있는 것입니다.
4.	온라인 활동을 통한 취업	안 좋은 직업만 구하게 될	새로운 기회를 더 많이 찾을 수도 있는 것입니다.
5.	정치인의 소셜 미디어 소통	정치인이 원하는 소통만 하게 될	정치와 대중이 가까워지는 기회가 될 수도 있습니다.

2) Substitution Drill 2

	[issue] - 은/는	[ought] - 야 된다고 봅니다.	저는 그렇게 생각하지 않습니다.
1.	청소년들의 사용	제한해	
2.	소셜 미디어 교육	의무화 해	
3.	정치인의 온라인 소통	법으로 제한해	(no substitute words)
4.	인터넷 중독자들	치료를 받아	
5.	소셜 미디어	금지해	

Debate Activities

A. Write a debate script with 2–3 speech opportunities for each side, resulting in a total of 5 speech turns. Refer to the **Argument Development** and **Debate Expressions** sections for help. Then read aloud what you have written, or conduct a role-play with a partner.

Role A (supporting): Social media is an essential form of communication.	Role B (opposing): Social media is a waste of time.
1. Role A: Express a stance	
	2. Role B
3. Role A	
	4. Role B
5. Role A	

B. You are now ready to debate. This may take place in the classroom, or you may simply use these new skills and knowledge in your interactions with other Korean speakers. Be sure to use the expressions you have learned in this chapter. Your debate may take the outline on page 31.

C. Imagine who your audience might be, then write a position paper for each side using the arguments and the expressions practiced in the previous activities. Your paper should include 서론 (Introduction), 본론 (Body) and 결론 (Conclusion). A sample answer is given on page 184.

1. 찬성 (Social media is an essential form of communication.)

서론	
본론	
결론	

2. 반대 (Social media is a waste of time.)

서론	
본론	
결론	

Reflections

Reflect on your achievements by ticking the statements below that apply to you. Then make a list of any questions you may still have about the topic and improvements you can make in your debate skills for the next chapter.

- ❑ 나는 소셜 미디어가 새로운 의사소통 수단이라는 입장에서 토론을 할 수 있다.
- ❑ 나는 소셜 미디어가 시간낭비라는 입장에서 토론을 할 수 있다.
- ❑ 나는 이 토론 주제에 대해서 양쪽 모두의 주장을 반박할 수 있다.
- ❑ 나는 본 단원에서 배운 토론 표현을 자유롭게 사용하며 토론을 할 수 있다.

학습 후기, 질문, 향후 학습 시 개선 사항:

_____

_____

_____

_____

_____

_____

_____

_____

_____

_____

_____

_____

_____

_____

CHAPTER 4

대중 예술인들의 병역 특례
Military Exemption for Pop Stars
Should famous pop stars be exempt from military service?

Read the following passage and discuss or write your thoughts.

2년간의 군복무를 마치고 최근 제대한 미남 배우 B 씨가 자신이 군대에 있을 때의 사진을 소셜 미디어에 공개했다. 그가 짧은 머리를 하고 동료들과 함께 찍은 사진에 팬들은 환호를 보내고 있다. 그는 데뷔 후 10년 간의 활동을 통해 한류 스타로 발돋움했다. 가장 인기가 많던 2년전에 입대를 하였으나 사람들은 그 사실을 잘 몰랐다. 미리 찍어 놓은 드라마와 광고가 그 이후 계속 방영되었기 때문이다. 그는 군대 내에서도 동료들에게 좋은 평가를 받았으며 모범 병사 표창을 받기도 했다. 그가 제대했다는 사실이 알려지자 팬들은 앞으로 그의 활동에 많은 기대를 보내고 있다.

Key Vocabulary

군복무	military service	입대	joining the army
데뷔	debut	제대하다	to leave the army
모범	good example	표창	commendation
발돋움하다	to grow up	환호	a cheer
방영되다	to be broadcast		

Background Knowledge Activation

With a partner or in writing, discuss the following English questions in English. Then discuss the Korean questions in Korean.

1. Do you think international pop stars should have to do military service and leave the pop music industry for 18 months?

2. If athletes have won medals in international competitions such as the Olympics, they are exempt from military service. Do you think there should be a similar reward for highly accomplished pop stars?

3. 여러분은 지금의 한국 병역 면제 제도가 공평하다고 생각합니까?

4. 어떤 사람들이 병역 특례를 받아야 한다고 생각합니까?

5. 다른 나라에도 비슷한 사례가 있습니까? 조별로 같이 이야기해 보십시오.

Cultural Awareness

A. Read the text at the top of the next page and the chart beneath it. Discuss or make notes on how you would feel if you were one of the following people:
  • A college student who has to take a break from their studies to serve in the military for 18 months
  • A college student who was considered not fit for regular military service and instead was assigned as a social welfare service agent, who serves for 26 months
  • An athlete who must do military service because they have not received a medal at any international competition

한국은 징병제를 실시한다. 따라서 20~28세 사이의 모든 한국 남성은 18개월 간의 병역 의무를 진다. 그러나 공인된 국제 대회에서 수상을 한 고전 예술인이나 운동 신수는 그 국가적 공로를 인정받아 병역 면제가 된다. 한편, 대중 예술인에 대한 병역 면제 제도는 없는 상황이다.

[대한민국 징병 제도]

구분	일반 군인	예술체육요원
대상	건강한 20~28세 남성	예술, 체육 분야 대회에서 국가에 공헌한 20~28세 남성
근무 기간	18개월	34개월
근무 장소	군대	전시실, 공연장, 학교 등
근무 활동	군사 훈련	544시간 활동

B. Suppose that you are The Minister of Culture. The President orders you to establish a policy that exempts pop artists from military service. Make the policy in two parts: the policy itself and the logical justifications. You may also decide that such a policy should not be drawn up, but you must provide a logical justification for this decision. The table below shows an example of possible arguments.

Exemption Policy	Logical Justifications
1. Pop artists whose name appears in at least 50 different foreign media outlets more than 100 times in total for their achievements.	As long as artists contribute to the country, they are eligible for exemption regardless of which industry they are in.
2. The Director of Military Admission announces the list of qualified media every three years.	Clear expectations of acceptable media outlets provide young artists who prefer not to serve in the military an understanding of what is required of them.

C. Share your ideas with your partner, and compare your ideas with the sample answers on page 184. Find logical flaws or possible biases or loopholes that might cause issues with your partner's policy.

Main Idea Exploration

A. Make possible word combinations by filling in the blanks with the collocating words. Discuss the meaning of each combination. Words may be used multiple times, and not all blanks have to be filled in. Find the answers on page 184.

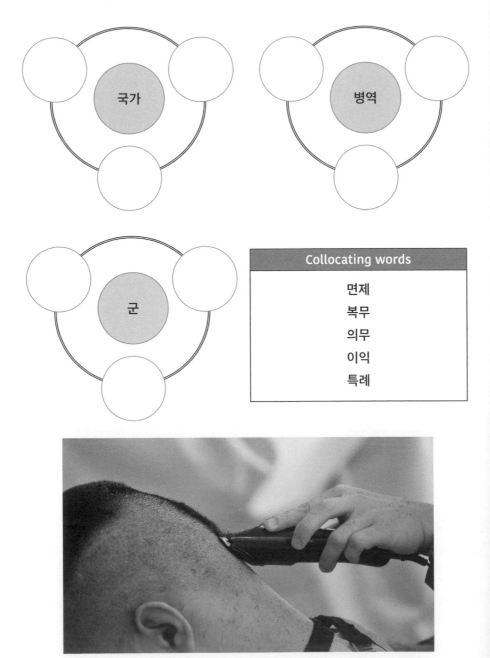

국가

병역

군

Collocating words
면제
복무
의무
이익
특례

B. Read the following arguments and indicate whether you agree or disagree.

1. 대중 예술인들도 병역 의무가 있다. ( )

2. 병역 특례 제도를 없애서 모두 평등하게 군대에 가야 한다. ( )

3. 세계적인 대중 예술인들은 국가 인지도를 높여준다. ( )

4. 국가 이익에 도움이 되면 군 면제를 시켜줘야 한다. ( )

5. 올림픽에서 메달을 따는 것도 국가에 이익이다. ( )

C. If working with a study partner, compare your answers and discuss.

Part 2   Comprehension and Expressions

Content Comprehension

A. 🎧 Listen to audio file #4 and follow along with the main text below.

B. Read the text again and look up any unfamiliar words in the vocabulary list overleaf or in a dictionary.

> ### 찬성측: 대중 예술인의 병역특례를 허용해야 한다.
> ### Supporting side: Renowned pop artists should be exempt from military service.

세계적으로 성공한 대중 예술인은 국가의 인지도를 높이고 많은 경제적 이익을 가져다 줍니다. 그들을 군대에 보내는 것보다는 계속 활동하게 하는 것이 국가와 국민에게 더 이익이 큽니다. 즉, 이러한 경우에는 군대를 안 보내는 것이 옳은 방향인 것입니다. 또한, 그들은 자신들의 활동을 통해 이미 국가에 기여를 한 것이므로 군복무까지 시키는 것은 불공평하다고 볼 수 있습니다.

체육이나 고전 예술 분야에서는 국제 대회에서 상을 타면 병역이 면제되어 대체복무를 할 수 있습니다. 대중 예술인들도 이와 같이 자신의 분야에서 활동하는 것을 군복무로 인정해주면 모두가 공평해지게 됩니다. 국가에서 면제 기준을 만들면 됩니다. 면제 기준을 만들기 어렵다면 정부에서 심사를 해서 특정 대중 예술인들을 병역 면제자로 지정할수도 있습니다. 우리가 이들의 국가적 기여를 인정한다면 군면제 방법은 얼마든지 찾을수 있습니다.

반대측: 대중 예술인의 병역특례를 허용해서는 안 된다.

Opposing side: Renowned pop artists
should not be exempt from military service.

학문이나 경제 등 다른 분야에서도 국가에 기여하는 사람들은 많습니다. 대중 예술인들이 세계적으로 유명하다고 해서 병역을 면제해 준다면 형평성에 많은 문제가 생깁니다. 가장 큰 문제는 대중 예술은 실력이 아니라 인기를 얻으면 상을 받을 수 있는 분야라는 점입니다. 따라서 대중예술인의 면제 기준을 객관적으로 만들기 어렵습니다. 이들은 젊은 나이가 전성기이므로 다른 분야와는 다르다는 주장이 있지만, 군대를 갔다 온 후에도 성공하는 대중 예술인은 많습니다. 군대를 간다고 해서 꼭 경력이 단절되는 것은 아닙니다.

사실 더 중요한 문제는 국방력입니다. 군대 면제를 확대하게 되면 국가 전체의 국방력이 약해지게 됩니다. 국방력이 약해지면 모든 국민이 영향을 받게 됩니다. 이는 대중 예술인 몇 명의 경력보다 훨씬 중요한 문제입니다. 무엇이 더 중요한 것인지 진지하게 생각해 봐야 합니다. 대중 예술인의 병역 면제를 주장하는 측에서는 운동 선수들의 병역 면제 제도를 예로 듭니다. 그러나 이 제도는 수십 년 전에 정치적 이유로 생긴 것입니다. 현 시대에 맞지 않는 이러한 제도 역시 없어져야 합니다.

Key Vocabulary

경력	career	병역	military service
고전	classic	불공평하다	to be unfair
국방력	national defense	인지도	recognition
기여	contribution	전성기	heyday
객관적	objective	정치적	political
단절	severance	제도	system
대체복무	substitute military service	형평성	fairness
면제	exemption		

C. Comprehension check. Find the answers on page 184.

1. According to the text, which argument supports exemption from military service for renowned pop artists?

    a. 국가의 국방력이 가장 중요한 문세이다.

    b. 국가에 기여한 사람은 군면제를 해줘야 한다.

    c. 군대를 갔다 온 후에도 인기를 유지하는 대중 예술인들이 있다.

    d. 운동 선수의 병역 면제 제도는 수십 년 전에 정치적인 이유로 생긴 것이다.

2. According to the text, which argument opposes exemption from military service for renowned pop artists?

    a. 유명 대중 예술인은 국가에 경제적 이익을 가져다 준다.

    b. 대중 예술은 실력이 아니라 인기를 얻으면 상을 빝을 수 있는 분야이다.

    c. 유명 대중 예술인은 군복무보다 예술 활동을 하는 것이 구가에 이익이다.

    d. 유명 대중 예술인이 자신의 분야에서 활동하는 것을 군복무로 인정해주면 된다.

3. Choose the most accurate paraphrase of the statement 군대를 갔다 온 후에도 성공하는 대중 예술인은 많습니다.

    a. 군대를 가면 성공하지 못한다.

    b. 군대를 갔다 오면 성공할 수 있다.

    c. 군대를 간다고 실패하는 것이 아니다.

    d. 성공하는 대중 예술인은 모두 군대를 갔다 왔다.

4. Select the phrase that gives the underlying meaning of the sentence 무엇이 중요한 것인지 진지하게 생각해 봐야 합니다 from the opposing side.

    a. 대중 예술인의 경력이 중요하다.

    b. 국가 전체의 국방력이 더 중요하다.

    c. 대중 예술인과 체육인 간의 형평성이 제일 중요하다.

    d. 대중 예술이 국가와 국민에 미치는 영향이 예전보다 커졌다.

5. Which is NOT a point of the debate according to the main text?

    a. 경제적 이익

    b. 예술인의 재산

    c. 예술인 간의 형평성

    d. 국가 전체의 국방력

D. Brainstorm and add justifications for exemption from military service for three categories of people. You may find additional words or concepts in the main text, in a dictionary or online.

Category	Words and concepts
대중 예술인	1. 국가 인지도를 높임 2. 3. 4. 5.
고전 예술인	1. 국가 인지도를 높임 2. 권위있는 상을 받음 3. 4. 5.

Category	Words and concepts
운동선수	1. 국가 인지도를 높임
	2. 메달을 받아 애국심을 높임
	3.
	4.
	5.

Useful Sentences for Discussion and Debate

A. Study the sentence structures by doing the exercises below. Find the answers on page 184.

Key verbs				
가져다 주다	기여하다	단절되다	불공평하다	지정하다

1. Fill in the blanks using key verbs from the box above. Use appropriate grammatical markers, and/or conjugate, if necessary (e.g., 먹다 → 먹고, 먹은, 먹어야 합니다).

   a. 그 가수는 군대에 가는 바람에 경력이 _____ .

   b. 내가 좋아하는 K-Pop 그룹은 국가에 많은 이익을 _____ .

   c. 다른 분야에는 있는 군면제 제도가 대중예술 분야에만 없는 것은 _____ .

   d. 정부는 국제 피아노 대회에서 우승한 예술가를 군 면제자로 _____ .

   e. 그 선수는 올림픽에서 1 등을 함으로써 국가에 _____ .

2. Rephrase the underlined expressions using words from the box.

   a. 두 국가가 전쟁을 하면 관계도 끝나게 됩니다.

   _____

   b. 그가 세계 최고의 축구 선수가 되어 팀에 많은 명예와 이익이 생겼습니다.

   _____

   c. 나는 우리 학교의 인지도를 높이는 데에 도움을 주고 싶습니다.

   _____

   d. 그 사람들만 처벌을 면제해 주는 것은 잘못된 판결입니다.

   _____

   e. 우리 중에서 그 일을 할 사람을 결정해야 합니다.

   _____

B. Study the grammatical markers by doing the exercises below. Find the answers on page 185.

1. Fill in the blanks with the appropriate grammatical marker. You may leave the space blank if no grammatical marker is needed.

Grammatical markers				
까지	(으)로	와/과	에는	에서

   a. 정부는 국가에 기여한 사람을 병역 면제자(　　　) 지정했습니다.

   b. 체육 분야(　　　) 대체복무 제도가 있습니다.

   c. 돈을 많이 번 사람에게 병역 면제(　　　) 해 주는 것은 불공평합니다.

2. Choose the appropriate word for each sentence.

   a. 가수를 (한다고/한다면) 모두 부와 명예가 생기는 것이 아닙니다.

   b. 군대에 가는 (것보다/것으로) 예술 활동을 하는 것이 국가에 이익입니다.

   c. 대중예술인을 위해 병역 제도를 (바꾸게/바꿔서) 되면 형평성에 어긋납니다.

Argument Development

Arguments are logical propositions that support the debaters' stance. Debaters defend their own statements and attempt to find flaws in the opponent's arguments.

A. Read and analyze each argument. Look for factual and/or logical flaws. Discuss or write your thoughts.

> **찬성측: 대중 예술인의 병역특례를 허용해야 한다.**
> **Supporting side: Renowned pop artists should be**
> **exempt from military service.**

1. 세계적으로 성공한 대중 예술인들은 국가의 인지도를 높이고 많은 경제적 이익을 가져다 줍니다. 그들은 이미 국가에 기여를 한 것이므로 군복무까지 시키는 것은 형평성에 어긋납니다.

2. 체육이나 다른 예술 분야에서도 상을 타면 병역이 면제됩니다. 대중 예술인도 권위 있는 상을 받으면 병역을 면제해 줘야 합니다.

3. 체육이나 고전 예술, 산업 분야에서는 대체복무 제도가 있습니다. 대중 예술인들도 이와 같이 자신의 분야에서 활동하는 대체복무를 인정해주면 됩니다.

4. 정부에서 면제 기준을 만들면 됩니다. 면제 기준을 만들기 어렵다면 정부에서 병역 면제자를 지정할 수도 있습니다.

5. 세계적인 대중 예술인을 군대에 보내는 것보다 계속 활동을 하게 하는 것이 국가에 더 이익이 큽니다. 이러한 경우에는 군대를 안 보내는 것이 옳은 방향입니다.

> **반대측: 대중 예술인의 병역특례를 허용해서는 안 된다.**
> **Opposing side: Renowned pop artists should not**
> **be exempt from military service.**

1. 다른 분야에서도 국가에 기여하는 사람들은 많습니다. 대중 예술인들이 세계적으로 유명하다고 해서 병역을 면제해 준다면 형평성에 많은 문제가 생깁니다.

2. 운동 선수들에 대한 병역 면제는 수십 년 전에 생긴 제도입니다. 현 시대에는 맞지 않으므로 없애야 합니다.

3. 군대를 갔다 온 후에도 성공하는 대중 예술인은 많습니다. 군대를 간다고 경력이 단절되지 않습니다.

4. 군대 면제를 확대하게 되면 국방력이 약해지게 됩니다. 국방력이 약해지면 모든 국민이 영향을 받게 됩니다. 무엇이 더 중요한 것인지 생각해 봐야 합니다.

5. 대중 예술은 실력이 아니라 인기를 얻으면 상을 받을 수 있는 분야입니다. 따라서 대중 예술인의 면제 기준을 객관적으로 만들기 어렵습니다.

B. Read the arguments below. Match each argument on the left to the one on the right that opposes it. Find the answers on page 185.

Arguments stating that renowned pop artists should be exempt from military service	Arguments stating that renowned pop artists should not be exempt from military service
1. 세계적인 대중 예술인들은 이미 국가에 기여를 한 것이므로 군복무까지 시키는 것은 형평성에 어긋납니다.	a. 대중 예술인들의 군복무를 면제시키거나 군대에 형평성에 많은 문제가 생깁니다.
2. 체육이나 다른 예술 분야에서도 상을 타면 병역 면제를 해 주고 있습니다.	b. 운동 선수들에 대한 병역 면제도 현 시대에는 맞지 않으므로 없애야 합니다.
3. 다른 분야처럼 대중 예술인들도 대체 복무를 하면 됩니다.	c. 군대를 간다고 경력이 단절되는 것이 아닙니다.
4. 정부에서 면제 기준을 만들면 됩니다.	d. 군대 면제를 확대하면 국방력이 약해지게 됩니다.
5. 세계적인 대중 예술인이 계속 활동을 하게 하는 것이 국가에 이익이 더 큽니다.	e. 대중 예술은 인기가 많으면 상을 받을 수 있으므로 면제 기준을 객관적으로 만들기 어렵습니다.

C. In pairs, each take a side and role-play, referring to the chart in the previous exercise. After one reads an argument on the left, the other reads the counterargument. Repeat this for all statements. If you are studying alone, read both sides of the argument aloud.

Debate Expressions

A. You can deliver arguments effectively by using the following expressions. The expressions are in order so that each one is a reaction to the preceding argument. Read each expression aloud with the example, then study it. A is set as the supporting side and B is set as the opposing side in this table. However, either side can use any of the expressions. For more detailed instructions on how to use this chart, see page 27.

	Strategy	Debate expression
A	1-1 Expressing Positive Opinion	저는 [**topic**] - 에 동의합니다. 대중 예술인의 병역 면제
		This expression delivers the speaker's positive stance on the topic in a formal way.
	1-2 Making Assertions Using "Ought to"	[**assertion**] - 야 합니다. 그들이 상을 타면 병역 면제를 해 줘
		The basic function of this structure is to support the assertion with "should" or "ought to." It provides the basis to the speaker's previous claim.
B	2 Tag Question	[**assertion**] - 니까? 대중 예술에 객관적인 기준이 있습
		This expression is used to seek agreement by forcing the opposing side to answer a question that may weaken their argument. For example, if the speaker asks 객관적인 기준이 있습니까?, the underlying meaning is 객관적인 기준이 없다.
A	3 Counter Suggestion	그러니까 [**suggestion**] - 자는 것입니다. 객관적인 기준을 만들
		This expression has two functions: 1) showing that the speaker agrees to the previous criticism, and 2) placing the speaker on higher ground by implying that the problem has already been considered. - 자는 means that the speaker intends to solve the problem.
B	4 Denying Opponent's Solution	그것은 문제의 근본적인 해결책이 아닙니다.
		This expression argues that the opponent's argument is not a solution to the fundamental problem.

B. Write sentences using the debate expressions on the facing page, substituting the phrases in brackets for your own arguments. Choose any supporting or opposing argument from the **Argument Development** section on page 84 or create your own. Compare your sentences with those given on page 185 of the Answer Key.

_____

_____

_____

_____

_____

_____

_____

_____

_____

_____

_____

_____

_____

_____

_____

_____

C. Use the sentence structure at the head of each column and add content from the examples to engage in a turn-taking discussion of the topic with your partner or alone.

1) Substitution Drill 1

	저는 [topic] - 에 동의합니다.	[assertion] - 야 합니다.	[assertion] - 니까?
1.	대중 예술인의 병역 면제	그들이 상을 타면 병역 면제를 해 줘	대중 예술에 객관적인 기준이 있습
2.	체육인들의 군면제	올림픽에서 메달을 따면 병역 면제를 해 줘	메달을 따면 국가에 기여한 것입
3.	고전 예술인들의 병역 면제	음악 대회에서 상을 타면 병역 면제를 해 줘	국제 음악 대회 심사를 누가 합
4.	국가 기여자들의 군면제	국가에 기여한 사람들은 병역 면제를 해 줘	일반 사람은 국가에 기여를 안 합
5.	학문 분야 기여자들의 병역 면제	유명 학술지에 논문이 실리면 병역 면제를 해 줘	어떤 것이 유명 학술지입

2) Substitution Drill 2

	그러니까 [solution] - 자는 것입니다.	그것은 문제의 근본적인 해결책이 아닙니다.
1.	객관적인 기준을 만들	
2.	대체 복무를 허용하	
3.	다른 분야도 면제 제도를 만들	(no substitute words)
4.	체육 분야의 면제 제도를 없애	
5.	국가 기여자 지정 제도를 만들	

Debate Activities

A. Write a debate script with 2–3 speech opportunities for each side, resulting in a total of 5 speech turns. Refer to the **Argument Development** and **Debate Expressions** sections for help. Then read aloud what you have written, or conduct a role-play with a partner.

Role A (supporting): Renowned pop artists should be exempt from military service.	Role B (opposing): Renowned pop artists should not be exempt from military service.
1. Role A: State an argument	
	2. Role B
3. Role A	
	4. Role B
5. Role A	

B. You are now ready to debate. This may take place in the classroom, or you may simply use these new skills and knowledge in your interactions with other Korean speakers. Be sure to use the expressions you have learned in this chapter. Your debate may take the format outlined on page 31.

C. Imagine who your audience might be, then write a position paper for each side using the arguments and the expressions practiced in the previous activities. Your paper should include 서론 (Introduction), 본론 (Body) and 결론 (Conclusion). A sample answer is given on page 185.

1. 찬성 (Renowned pop artists should be exempt from military service.)

서론	
본론	
결론	

2. 반대 (Renowned pop artists should not be exempt from military service.)

서론	
본론	
결론	

Reflections

Reflect on your achievements by ticking the statements below that apply to you. Then make a list of any questions you may still have about the topic and improvements you can make in your debate skills for the next chapter.

- ❏ 나는 한국 징병 제도에서 일반 군인과 예술체육요원을 비교하여 설명할 수 있다.
- ❏ 나는 대중 예술인의 병역 특례라는 주제에 대해서 나의 의견을 말할수 있다.
- ❏ 나는 이 토론 주제에 대해서 양쪽 모두의 주장을 반박할 수 있다.
- ❏ 나는 본 단원에서 배운 토론 표현을 자유롭게 사용하며 토론을 할 수 있다.

학습 후기, 질문, 향후 학습 시 개선 사항:

_____

_____

_____

_____

_____

_____

_____

_____

_____

_____

_____

_____

_____

CHAPTER 5

종이책과 전자책
Print Books vs. E-Books

Is reading print books better than reading e-books?

Read the following passage and discuss or write your thoughts.

전자책은 여러 권을 한꺼번에 가지고 다닐 수 있고 내용 검색도 가능하다는 등의 장점이 있다. 그런데 종이책과 달리 회사가 없어지면 책도 없어진다는 문제가 있다. 최근 몇몇 회사들이 전자책 사업을 중단하면서 이러한 문제가 현실로 나타났다. 출판사와 전자책 회사, 소비자의 입장이 모두 달라서 문제 해결도 쉽지 않다. 종이책은 안 팔리는 책은 절판이 된다는 문제가 있다. 이렇게 절판이 되면 책을 구할 수가 없게 된다.

Key Vocabulary

검색	search	절판	out of print
사업	business	중단하다	to discontinue
입장	stance	해결	resolution

Background Knowledge Activation

A. On the spectrum below mark where your reading style falls. Do you prefer reading paper books or reading e-books? What do you think the benefits and drawbacks of each are?

종이책만 읽음	종이책을 많이 읽지만 전자책도 가끔 읽음	둘 다 비슷한 비율로 읽음	전자책을 많이 읽지만 종이책도 가끔 읽음	전자책만 읽음

B. Discuss the following questions with a partner or make notes of your opinions.

1. 어떤 방법이 책을 들고 다니기에 더 편합니까 ?

읽을 책을 한 권씩 들고 다니기
vs
태블릿 컴퓨터 한 대를 들고 다니기

2. 어떤 책 읽기 방법이 눈이 더 편합니까 ?

종이책에 인쇄된 책을 읽기
vs
모니터에서 책을 읽기

3. 어떤 생산 방법이 환경을 더 오염시킵니까 ?

나무로 책을 만들기
vs
전자책 전용 전자기기를 만들기

C. Below is a comparison of print books and e-books. The words in the box are nouns that can be used to describe features of each type of book. Choose the appropriate words from the box and fill in the blanks. Use grammatical markers if necessary. Find the answers on page 185.

Key Words							
가격	가독성	구매	비용	재미	친밀감	피로	휴대성

종이책 (Print books)	전자책 (E-books)
• 종이를 손으로 넘기는 (_____) 있다. • 책을 읽을 때 눈의 (_____) 적다. • (_____) 우수해서 책을 읽기가 쉽고 편하다. • 책을 직접 만지면서 (_____) 느낄 수 있다.	• 책의 (_____) 비교적 저렴하다. • 책의 출판과 유통에 (_____) 적게 든다. • 집에서 책을 사서 바로 읽을 수 있어서 (_____) 편리하다. • 한 기기에 여러 권의 책을 넣을 수 있어서 (_____) 뛰어나다.

D. Create abbreviated phrases for each sentence in the comparison table above. Phrases should consist of one adjective and one noun. Transform each verb phrase into an adjective form by conjugating the word ending with the - ㄴ form, and put it before the noun. Then, remove any grammatical markers from the noun(s). Find possible answers on page 185.

Example : 친밀감이 훌륭하다 → 훌륭한 친밀감

1. 가격이 저렴하다. →

2. 눈의 피로가 적다. →

3. 가독성이 우수하다. →

4. 구매가 편리하다. →

5. 휴대성이 뛰어나다. →

Main Idea Exploration

A. Make possible word combinations by filling in the blanks with the collocating words. Discuss the meaning of each combination. Words may be used multiple times, and not all blanks have to be filled in. Find the answers on page 185.

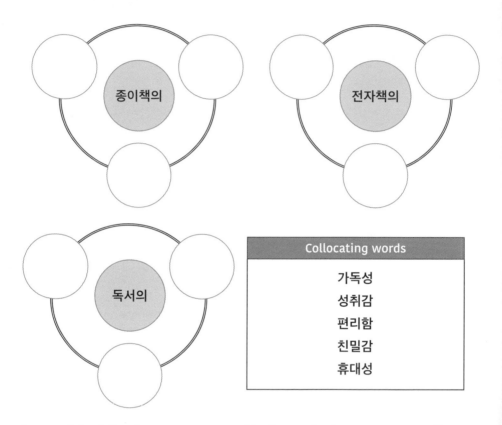

Collocating words
가독성
성취감
편리함
친밀감
휴대성

B. Read the following arguments and indicate whether you agree or disagree.

1. 종이책이 전자책보다 가독성이 좋다.   (   )

2. 종이책은 손으로 책을 만질 수 있어서 친밀감을 준다.   (   )

3. 전자책이 종이책보다 편리한 점이 더 많다.   (   )

4. 독서를 하고 나면 성취감을 준다.   (   )

5. 전자책은 여러 권을 들고 다닐 수 있어서 휴대성이 좋다. (   )

C. If working with a study partner, compare your answers and discuss.

Content Comprehension

A. 🎧 Listen to audio file #5 and follow along with the main text below.

B. Read the text again and look up any unfamiliar words in the vocabulary list overleaf or in a dictionary.

> **찬성측: 전자책보다는 종이책을 읽어야 한다.**
> **Supporting side: People should read print books instead of e-books.**

종이책이 전자책보다 독서 효과가 좋습니다. 연구에 따르면 종이책이 가독성이 더 좋고 읽을 때에 피로감을 덜 느낀다고 합니다. 따라서 종이책을 읽을 때에 독서 속도와 정확성은 물론 학업 성취도도 더 좋아진다고 합니다. 또한 종이책과의 상호작용은 너 큰 친밀감과 성취감을 줍니다. 종이책을 사용하면 책에 메모를 하거나 접어서 표시를 하는 등 나양한 방법으로 책과 직접 접촉할 수 있습니다. 읽은 양과 남은 양을 쉽게 알 수 있어서 독서의 성취감을 높여 주기도 합니다.

전자책의 가장 큰 문제는 표준이 아직 없다는 점입니다. 전자책 판매 회사마다 파일 형식과 전자책 전용 기기가 달라서 한 기기로 모든 전자책을 볼 수가 없습니다. 이 기기들은 가격이 비싸서 소비자들에게 부담이 됩니다. 무엇보다도 이 전자 기기들을 만드는 과정은 종이를 만드는 것보다 더 큰 환경오염을 일으킵니다. 전자책 판매 회사의 전산망 관리에도 많은 자원이 소모됩니다. 또한, 독서 경험 공유 측면에서도 종이책이 훨씬 장점이 많습니다. 종이책은 다른 사람에게 책을 빌려주면서 책의 내용에 대해 서로 이야기를 나눌 수 있습니다. 그러나 전자책은 다른 사람에게 빌려줄 수가 없으므로 모두가 책을 사야 해서 개인의 소비만 증가시키게 됩니다.

요즘은 전자기기를 이용하는 시간은 증가하는데 책을 읽는 시간은 줄어들고 있습니다. 그러므로 전자 기기에서 책을 볼 수 있어야 사람들의 독서량이 증가하게 될 것입니다. 영화나 음악, 게임 등도 모두 스마트폰과 같은 하나의 기기에서 즐기기 때문에 책과 같은 컨텐츠도 전자 기기에서 보는 것이 자연스러운 시대 흐름입니다. 전자책은 기기 하나만 있으면 여러 권의 책을 가지고 다닐 수 있기 때문에 휴대성이 좋습니다. 또한, 글자 크기도 조절할 수 있고 어두운 곳에서도 책을 볼 수 있다는 장점이 있습니다.

산업적 측면에서도 전자책은 구매와 유통이 모두 편리합니다. 독자들은 집에서 바로 책을 구매해서 읽을 수 있고, 출판사는 책을 유통하는 데에 물류 비용이 들지 않습니다. 전자책은 종이책과 달리 분량의 제한도 없습니다. 따라서 책값이 싼 것은 물론 더 다양한 형태의 책을 출판할 수 있습니다. 무엇보다도, 전자책은 지구 환경을 보호합니다. 종이책을 만들기 위해서는 종이를 생산하고 출판을 하는 과정에 많은 자원이 들어갑니다. 그러나 전자책은 이와 같은 과정이 생략되어 자원을 아끼고 환경을 보호할 수 있습니다.

Key Vocabulary

가독성	readability	소모되다	to be exhausted
구매	purchase	소비	spend
기기	device	유통	distribution
물류	logistic	자원	resource
분량	amount	전산망	computer network
산업	industry	증가시키다	to increase
생략되다	to be skipped	친밀감	affinity
성취감	sense of achievement	컨텐츠	contents
성취도	achievement	피로감	sense of fatigue

C. Comprehension check. Find the answers on page 185.

1. According to the text, which argument supports reading print books instead of e-books?

   a. 종이책은 표준이 없다.

   b. 종이책은 가격이 비싸다.

   c. 종이책은 독서의 성취감을 높여 준다.

   d. 종이책을 만들 때 더 큰 환경오염을 일으킨다.

2. According to the text, which argument supports reading e-books instead of print books?

   a. 전자책은 환경을 보호한다.

   b. 전자책은 책과의 친밀감을 높여준다.

   c. 전자책 출판에 많은 비용이 들어간다.

   d. 진자책 회사마다 전용 기기가 다르다.

3. Choose the most appropriate argument against the statement 전자책은 기기 하나만 있으면 여러 권의 책을 가지고 다닐 수 있기 때문에 휴대성이 좋습니다.

   a. 종이책은 독서 성취감을 준다.

   b. 종이책의 독서 효과가 더 좋다.

   c. 전자책은 종이책에 비해 출판 비용이 적다.

   d. 전자책 전용 기기 생산은 환경을 오염시킨다.

4. Choose the phrase that is contextually equivalent to the statement 전자책은 개인의 소비만 증가시킨다.

   a. 전자책은 경제를 발전시킨다.

   b. 전자책은 종이책보다 비싸다.

   c. 전자책을 사용하면 돈을 아낄 수 있다.

   d. 전자책은 다른 사람과 공유할 수 없다.

5. Which is NOT a point of the debate according to the main text?

   a. 독서 효과

   b. 경제 성장

   c. 환경 오염

   d. 독서의 성취감

D. Brainstorm and add related words or ideas to each type of book. You may find them in the main text, in a dictionary, or online.

Type of book	Words and concepts
종이책	1. 상호작용 2. 가독성 3. 4. 5.
전자책	1. 휴대성 2. 독서량 증가 3. 4. 5.

Useful Sentences for Discussion and Debate

A. Study the sentence structures by doing the exercises below. Find the answers on pages 185–186.

Key verbs				
보호하다	부담이 되다	소모되다	일으키다	접촉하다

1. Fill in the blanks using key verbs from the box. Use appropriate grammatical markers, and/or conjugate, if necessary (e.g., 먹다 → 먹고, 먹은, 먹어야 합니다).

   a. 종이를 만드는 데에 많은 나무가 _____.

   b. 전자기기 생산은 환경 오염을 _____.

   c. 전자기기의 높은 가격은 소비자에게 _____.

   d. 책과 직접 손으로 _____ 독서의 즐거움을 느낄 수 있습니다.

   e. 환경을 _____ 위해서 종이책 사용을 줄여야 합니다.

2. Rephrase the underlined expressions using words from the box.

   a. 이 수업은 숙제가 너무 많아서 <u>내 마음을 불편하게 만듭니다</u>.

   _____

   b. 전염병 환자와 <u>만나서 손을 잡았기</u> 때문에 자가격리를 했습니다.

   _____

   c. 심한 운동을 할 때 몸의 에너지가 많이 <u>사용됩니다</u>.

   _____

   d. 자동차의 매연은 환경 오염을 <u>발생시킵니다</u>.

   _____

   e. 사람들은 재산을 <u>지키려고</u> 은행에 돈을 저금합니다.

   _____

B. Study the grammatical markers by doing the exercises below. Find the answers on page 186.

1. Fill in the blanks with the appropriate grammatical marker. You may leave the space blank if no grammatical marker is needed.

Grammatical markers				
까지	만	와/과	에는	에서는

   a. 책을 출판하는 과정(   ) 많은 자원이 들어갑니다.

   b. 전용기기 하나만 있으면 여러 권의 책을 가지고 다니는 것(   ) 같습니다.

   c. 전자책은 다른 사람과 같이 볼 수 없어서 개인의 소비(   ) 증가시킵니다.

2. Choose the appropriate word for each sentence.

   a. 디지털 시대에는 책도 전자기기에서 (보기가/보는 것이) 자연스럽습니다.

   b. 종이책을 읽을 때 속도는 (물론/별로) 정확성도 더 좋아진다고 합니다.

   c. 전자책을 (유통하는/유통한) 데에 비용이 적게 듭니다.

Part 3

Debate

Argument Development

Arguments are logical propositions that support the debaters' stance. Debaters defend their own statements and attempt to find flaws in the opponent's arguments.

A. Read and analyze each argument. Look for factual and/or logical flaws. Discuss or write your thoughts.

> **찬성측: 종이책을 전자책보다 더 많이 읽어야 한다.**
> **Supporting side: People should read print books instead of e-books.**

1. 전자책 표준이 아직 없습니다. 전자책 판매 회사마다 파일 형식과 전자책 기기가 다릅니다. 한 기기로 모든 전자책을 본 수기 없습니다. 이 전용 기기들은 가격이 비싸서 소비자늘에게 부담이 됩니다.

2. 종이책을 읽을 때에 피로감을 덜 느끼고 가독성도 더 좋다고 합니다. 따라서 종이책을 읽을 때에 독서 속도와 정확성은 물론 학업 성취도도 더 좋아진다는 것이 지금까지의 연구 결과입니다.

3. 종이책과의 상호작용이 더 큰 친밀감과 성취감을 줍니다. 종이책은 책에 메모를 하거나 접어서 표시를 하는 등 다양한 방법으로 책과 직접 접촉할 수 있습니다. 또한 읽은 양과 남은 양을 쉽게 알 수 있습니다.

4. 종이책은 다른 사람에게 빌려줄 수 있지만 전자책은 자신만 볼 수 있습니다. 따라서 전자책은 독서 경험을 나눌 수 없으며 개인의 소비만 증가시키게 됩니다.

5. 전자 기기를 만드는 과정이 종이를 만드는 것보다 더 큰 환경문제를 일으킵니다. 개인용 전용기기 생산과 판매 회사의 전산망 관리에 더 많은 자원이 소모되고 환경이 오염됩니다.

반대측: 전자책을 종이책보다 더 많이 읽어야 한다.
Opposing side: People should read e-books instead of print books.

1. 요즘은 영화나 음악, 게임 등을 모두 스마트폰과 같은 하나의 기기에서 즐깁니다. 책도 전자 기기에서 보는 것이 자연스러운 시대 흐름입니다.

2. 전자책이 종이책에 비해서 더 편리합니다. 전용 기기 하나만 있으면 여러 권의 책을 가지고 다니는 것과 같아서 휴대성이 좋습니다. 이 기기에서는 글자 크기도 조절할 수 있고 어두운 곳에서도 책을 볼 수 있습니다.

3. 전자책은 집에서 바로 구매해서 읽을 수 있습니다. 책을 유통하는 데에 물류 비용이 들지 않고 종이책과 달리 분량의 제한도 없습니다. 따라서 책값이 싼 것은 물론 더 다양한 형태의 책을 출판할 수 있습니다.

4. 전자기기를 이용하는 시간은 증가하는데 책을 읽는 시간은 줄어들고 있습니다. 전자기기에서 책을 볼 수 있어야 사람들의 독서량이 증가하게 됩니다.

5. 전자책은 지구 환경을 보호합니다. 종이책을 만들기 위해서는 종이를 생산하고 출력을 하는 과정에 많은 자원이 들어갑니다. 이와 같은 과정이 생략되면 자원을 아끼고 환경을 보호할 수 있습니다.

B. Read the arguments below. Match each argument on the left to the one on the right that opposes it. Find the answers on page 186.

Arguments stating that people should read print books instead of e-books	Arguments stating that people should read e-books instead of print books
1. 회사마다 전자책 전용 기기들이 다르고 가격이 비싸서 소비자들에게 부담이 됩니다.	a. 전자책은 종이 생산이 필요 없어서 자원을 아끼고 환경을 보호할 수 있습니다.
2. 종이책을 읽을 때에 피로감을 덜 느끼고 가독성도 더 좋습니다.	b. 전자기기를 이용하는 시간은 증가하고 책을 읽는 시간은 줄어들고 있습니다.
3. 종이책과의 상호작용이 친밀감과 성취감을 줍니다.	c. 전자책은 집에서 바로 구매해서 읽을 수 있고 책값도 쌉니다.
4. 전자책은 빌려줄 수 없기 때문에 독서 경험을 나눌 수 없고 개인의 소비만 증가시킵니다.	d. 전용 기기 하나만 있으면 여러 권의 책을 가지고 다니는 것과 같아서 휴대성이 좋습니다.
5. 전자기기를 만드는 과정이 종이를 만드는 것보다 더 큰 환경문제를 일으킵니다.	e. 책도 전자 기기에서 보는 것이 자연스러운 시대 흐름입니다.

C. In pairs, each take a side and role-play, referring to the chart in the previous exercise. After one reads an argument on the left, the other reads the counterargument. Repeat this for all statements. If you are studying alone, read both sides of the argument aloud.

Debate Expressions

A. You can deliver arguments effectively by using the following expressions. The expressions are in order so that each one is a reaction to the preceding argument. Read each expression aloud with the example, then study it. A is set as the supporting side and B is set as the opposing side in this table. However, either side can use any of the expressions. For more detailed instructions on how to use this chart, see page 27.

	Strategy	Debate expression
A	1 Negative Question	[**statement**] - 지 않습니까? 전자책 표준이 아직 없
		This forces a "yes" response from the opponent. The statement is an obvious fact that the opponent can't refute and is advantageous to the speaker.
B	2 Counter-Assertion	그래서 [(opponent's) assertion] - 는 말씀입니까? 종이책만 읽어야 한다
		그래서 directly addresses the opponent's argument. In this example, the speaker tests the opponent's assertion by adding the marker, 만 (only), which asks if the opponent is asserting that we should only read paper books.
A	3 Negating & Supplementary Argument	그게 아니고 [(defensive) assertion] - 는 것입니다. 아직 전자책이 문제가 많다
		This negates the counter-assertion made by the opponent in 2, above. It starts with a denial, 그게 아니고, and neutralizes any attempt by the opponent to force the speaker into an extreme position.
B	4 Refuting by Suggesting Alternatives	저는 그렇게 보지 않습니다. [statement] 수도 있는 것입니다. 전자책은 종이를 사용하지 않으니 환경을 보호할
		This expression suggests alternatives to an opponent's assertion by using the expression 수도.
A	5 Counter-Assertion	근거가 타당하지 않습니다. [**assertion**]. 전자기기 생산이 더 많은 환경 오염을 일으킵니다.
		This expression starts with the sentence, "Your statement is not valid." Then it refutes the opponent's statement directly by making an assertion.

B. Write sentences using the debate expressions on the facing page, substituting the phrases in brackets for your own arguments. Choose any supporting or opposing argument from the **Argument Development** section on pages 103–104 or create your own. Compare your sentences with those given on page 186 of the Answer Key.

_____

_____

_____

_____

_____

_____

_____

_____

_____

_____

_____

_____

_____

_____

_____

_____

_____

C. Use the sentence structure at the head of each column and add content from the examples to engage in a turn-taking discussion of the topic with your partner or alone.

1) Substitution Drill 1

	[statement] - 지 않습니까?	그래서 [issue] - 는 말씀입니까?	그게 아니고 [assertion] - 는 것입니다.
1.	전자책 표준이 아직 없	종이책만 읽어야 한다	아직 전자책이 문제가 많다
2.	종이책이 독서 효율이 더 좋	전자책은 독서 효과가 없다	종이책이 더 친밀감을 준다
3.	전용 기기 생산이 환경을 오염시키	종이책 생산은 환경 문제가 없다	전자책도 환경 오염이 생긴다
4.	전자책은 회사가 없어지면 책도 없어지	전자책 회사가 다 없어진다	종이책은 없어지지 않는다
5.	전자책은 다른 사람에게 빌려줄 수가 없	책은 다 공유해야 한다	독서 경험을 나눌 수가 없다

2) Substitution Drill 2

	저는 그렇게 보지 않습니다. [statement] 수도 있는 것입니다.	근거가 타당하지 않습니다. [assertion]
1.	다양한 표준이 경쟁하면서 발전할	독자들이 여러 가지 기기를 사야 해서 불편해집니다.
2.	글자 크기를 키울 수 있는 전자책이 독서 효율이 높을	모니터 화면은 사람에게 피로감을 줍니다.
3.	전자책은 종이를 사용하지 않으니 환경을 보호할	전자기기 생산이 더 많은 환경 오염을 일으킵니다.
4.	전자책이 더 사용이 편리할	전자책은 항상 전용 기기가 있어야 합니다.
5.	전자책 파일만 있으면 다른 사람과 공유할	전자책 파일 공유는 불법입니다.

Debate Activities

A. Write a debate script with 2–3 speech opportunities for each side, resulting in a total of 5 speech turns. Refer to the **Argument Development** and **Debate Expressions** sections for help. Then read aloud what you have written, or conduct a role-play with a partner.

Role A (supporting): People should read print books instead of e-books.	Role B (opposing): People should read e-books instead of print books.
1. Role A: Negative Question	
	2. Role B
3. Role A	
	4. Role B
5. Role A	

B. You are now ready to debate. This may take place in the classroom, or you may simply use these new skills and knowledge in your interactions with other Korean speakers. Be sure to use the expressions you have learned in this chapter. Your debate may take the format outlined on page 31.

C. Imagine who your audience might be, then write a position paper for each side using the arguments and the expressions practiced in the previous activities. Your paper should include 서론 (Introduction), 본론 (Body) and 결론 (Conclusion). A sample answer is given on page 186.

1. 찬성 (People should read print books instead of e-books.)

2. 반대 (People should read e-books instead of print books.)

서론	
본론	
결론	

Reflections

Reflect on your achievements by ticking the statements below that apply to you. Then make a list of any questions you may still have about the topic and improvements you can make in your debate skills for the next chapter.

- ☐ 나는 종이책과 전자책의 공통점과 차이점에 대해 설명할 수 있다.
- ☐ 나는 전자책과 종이책 사용에 대해 나의 주장을 펼 수 있다.
- ☐ 나는 이 토론 주제에 대해서 양쪽 모두의 주장을 반박할 수 있다.
- ☐ 나는 본 단원에서 배운 토론 표현을 자유롭게 사용하며 토론을 할 수 있다.

학습 후기, 질문, 향후 학습 시 개선 사항:

_____

_____

_____

_____

_____

_____

_____

_____

_____

_____

_____

_____

_____

CHAPTER 6

출산율 저하
The Low Birth Rate

Is a low birth rate detrimental or beneficial to society?

Read the following passage and discuss or write your thoughts.

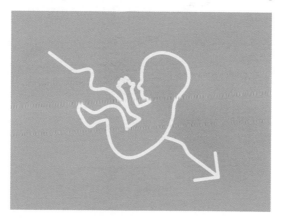

인구 구조는 국가의 발전 상태에 따라 달라진다. 개발도상국은 청년층 인구 비율은 높지 만 노년층 비율은 낮게 나타난다. 출산율은 높은 대신 의료 및 복지 수준은 낮기 때문이 다. 반대로 선진국은 청년층 비율은 낮고 노년층 비율은 높게 나타난다. 출산율은 낮고 의 료 기술은 발달하기 때문이다. 인구구조는 경제발전과 관련이 깊다. 청년층 비율이 높으 면 생산 인구가 많아지므로 경제에 활력이 생긴다. 반면에 노년층 비율이 높아지면 경제 발전에 부정적 영향을 준다. 따라서 선진국들은 인구구조 문제를 해결하기 위해 많은 정 책을 시행한다.

Key Vocabulary

개발도상국	developing country	시행하다	to enforce
복지	welfare	의료	medical service
부정적	negative	인구구조	population structure
비율	ratio	출산율	birth rate
선진국	developed country	활력	vitality

Part 1

Warm-up

Background Knowledge Activation

A. Review the chart below, then discuss the questions with a partner or in writing.

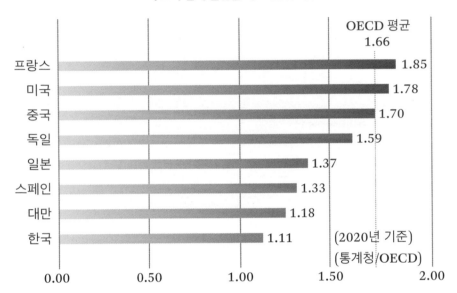

주요국 합계 출산율 비교 (단위=명)

OECD 평균 1.66

프랑스 1.85
미국 1.78
중국 1.70
독일 1.59
일본 1.37
스페인 1.33
대만 1.18
한국 1.11

(2020년 기준)
(통계청/OECD)

0.00 0.50 1.00 1.50 2.00

1. 출산율이 가장 높은 나라와 가장 낮은 나라는 어디입니까?

2. OECD 평균보다 출산율이 낮은 나라는 그 이유가 무엇이라고 생각합니까?

3. OECD 평균보다 출산율이 높은 나라는 그 이유가 무엇이라고 생각합니까?

B. Read the text on the facing page. Then, in writing or in a group, discuss the meaning of the terms "Demographic Cliff" and "Overpopulation" and name possible countries that are experiencing each phenomenon.

인구 절벽 (Demographic Cliff) 과 인구 과잉 (Overpopulation)

유럽과 동북아시아 일부 국가에서는 출산율 감소로 일을 할 수 있는 연령대 (15-64 세) 인구가 급격하게 떨어지는 **인구 절벽** 현상이 나타나고 있다. 이와 함께 인간의 기대 수명이 늘어나면서 고령화 현상도 심화되고 있다. 이로 인해 노동력 부족, 부양 의무 등으로 인한 세대 간의 갈등 등 사회적 문제가 발생하고 있다. 반면에 동남아시아, 아프리카, 남미 국가들에서는 의료 기술의 발달로 사망률이 낮아졌지만 어전히 출산율이 높아 **인구 과잉** 현상이 일어나고 있다. 이로 인해 식량과 자원, 일자리가 부족해지는 등 사회 문제가 나타나고 있다.

C. Compare the phenomena 인구 절벽 and 인구 과잉. Make a list of possible issues and solutions for each. Discuss your ideas with your partner if you have one, and compare with the issues and solutions given in the Answer Key on page 186.

문제점	해결 방안
인구 절벽	
•	→
•	→
•	→
•	→
인구 과잉	
•	→
•	→
•	→
•	→

Main Idea Exploration

A. Make possible word combinations by filling in the blanks with the collocating words. Discuss the meaning of each combination. Words may be used multiple times, and not all blanks have to be filled in. Find the answers on page 186.

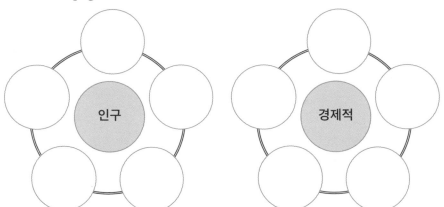

Collocating words
감소
부담
증가
지원
침체

B. Read the following arguments and indicate whether you agree or disagree.

1. 인구가 감소하면 경제적 부담이 증가한다. ( )

2. 저출산은 자연스러운 현상이므로 출산 장려는 필요 없다. ( )

3. 현재 지구는 인구가 너무 많아서 줄여야 한다. ( )

4. 아동 보육을 국가에서 지원해야 한다. ( )

5. 인공지능의 발달로 생산 인구를 증가시킬 필요가 없다. ( )

C. If working with a study partner, compare your answers and discuss.

Part 2

Comprehension and Expressions

Content Comprehension

A. 🎧 Listen to audio file #6 and follow along with the main text below.

B. Read the text again and look up any unfamiliar words in the vocabulary list overleaf or in a dictionary.

저출산 문제
Low Birth Rate: Is It Detrimental or Beneficial?

출산율이 낮아지면 생산 인구가 감소됩니다. 그러면 경제 활동에 참여하는 사람과 전체 시장 크기가 작아져서 경제가 침체됩니다. 반면에 의료 기술의 발달로 수명은 점점 늘어나고 있습니다. 그래서 전체 인구 중에 노인 층이 비율이 늘어나는 고령화가 진행됩니다. 이렇게 되면 사회 전체적으로 사회보장 비용이 증가합니다. 노인 층에서의 의료비 지출 증가는 사회 전체의 부담이 됩니다. 적은 수의 젊은 층이 많은 수의 노인 층을 책임져야 해서 부양 부담도 증가하고, 이는 세대 간의 갈등으로 이어질 수 있습니다. 이와 같이 저출산은 국가의 존망과 관계되는 중요한 문제입니다.

한 번 인구가 급격하게 감소하면 회복하기가 어렵습니다. 그래서 인구절벽이라는 용어도 있습니다. 여러 정책을 통해 출산율을 높여야 합니다. 우선, 부모에 대한 재정 지원을 해야 합니다. 출산 시에 장려금을 주고 아이가 성인이 될 때까지 아동 수당을 매달 지급해야 합니다. 그리고 보육 시설의 수와 운영 시간을 늘려 일하는 부모의 보육을 지원해야 합니다. 많은 나라들이 이와 같은 출산 장려 정책을 시행하고 있습니다.

다른 한 편으로는 사회가 발달할수록 아이를 적게 낳는 것이 일반적이기도 합니다. 사회가 점점 고도화되면서 개인이 사회에 나오기까지 교육 기간이 늘어납니다. 경제 활동에 참여하는 사람들의 교육 수준이 높아져야 사회 전체의 경쟁력도 올라가기 때문입니다. 이 때문에 결혼과 출산이 모두 늦어지고, 결국 출산율을 하락시키는 것입니다. 특히, 여성이 사회에 진출하면서 결혼과 출산이 줄어들게 됩니다. 그런데 이는 모두 현대 사회에서 자연스러운 현상입니다. 교육 수준도 높여야 되고 여성도 일을 하는 것이 당연한 시대가 되었습니다. 예전에는 아이를 꼭 낳아야 한다고 생각했지만 지금은 사회 분위기도 변했습니다.

또한, 미래에는 인공지능이 일을 하게 되므로 많은 생산 인구가 필요 없다는 시각도 있습니다. 적은 생산 인구로 더 높은 생산성을 낼 수 있으므로 경제에 미치는 영향이 크지 않다는 것입니다. 이러한 관점에서는 아이를 많이 낳는 베이비붐(baby boom)이나 아이를 낳지 않는 베이비버스트(baby bust)도 모두 자연스러운 사회 현상으로 봅니다. 인구가 줄면 전세계 식량 문제도 해결될 것이고, 높아진 기술력으로 개인의 부가 증가하며, 인권도 높아지게 된다는 논리입니다. 언젠가는 아이를 많이 낳게 되는 현상도 나타날 것이니 너무 걱정할 필요가 없다는 주장도 있습니다.

Key Vocabulary

강요	coercion	저출산	low birth rate
경쟁력	competitiveness	존망	survival
고도화	advancement	지급하다	to provide
인권	human rights	(사회에) 진출하다	to enter the real world
장려금	grant	침체되다	to be depressed
재정	finance		

C. Comprehension check. Find the answers on page 187.

1. Which is the most accurate explanation for low birth rates?
    a. 출산율이 낮아져서 경제가 살아난다.
    b. 결혼이 늦어지면 출산율이 낮아진다.
    c. 사회가 고도화 될수록 아이를 많이 낳는다.
    d. 의료기술의 발달로 사람들의 수명이 증가한다.

2. What topic is NOT mentioned in the text?
    a. 저출산 현상의 원인
    b. 저출산으로 인한 문제
    c. 저출산 해결을 위한 대책
    d. 저출산 국가들의 출산율 순위

3. What argument supports the idea that a low birth rate is beneficial?
    a. 식량 문제가 해결된다.
    b. 개인 인권이 낮아진다.
    c. 젊은 사람의 부양 부담이 줄어든다.
    d. 생산 인구가 줄어들어 경제가 나빠진다.

4. What is the cause of low birth rates?

   a. 인공지능이 개발됨

   b. 의료 기술이 발달함

   c. 결혼 연령이 높아짐

   d. 인권 수준이 높아짐

5. What is NOT a way to encourage people to have children?

   a. 국민들의 교육 기간을 늘림

   b. 출산 시에 부모에게 돈을 줌

   c. 부모에게 아이를 키울 돈을 줌

   d. 국가 전체적으로 보육 시설을 늘림

6. What was the change in social trends that led to low birth rates?

   a. 사회가 혼란스러워졌다.

   b. 경제적 수준이 낮아졌다.

   c. 여성에게 출산을 강요하게 되었다.

   d. 여성의 사회적 진출이 당연하게 되었다.

7. Identify the premise for the idea presented at the end of the last paragraph 걱정할 필요가 없습니다.

   a. 교육의 수준이 높아졌기 때문이다.

   b. 사회 현상은 계속 변화하기 때문이다.

   c. 생산 인구가 줄어도 상관없기 때문이다.

   d. 여성이 일을 더 많이 해야 하기 때문이다.

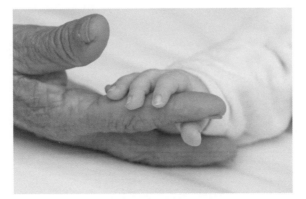

D. Brainstorm and add related words or ideas to the causes and results of low birth rates. You may find them in the main text, in a dictionary, or online.

Low birth rates	Words and concepts
원인	1. 여성의 사회적 진출 2. 자연스러운 사회 현상 3. 4. 5.
결과	1. 고령화 2. 전세계 식량 문제 해결 3. 4. 5.

Useful Sentences for Discussion and Debate

A. Study the sentence structures by doing the exercises below. Find the answers on page 187.

Key verbs				
고도화되다	지급하다	진출하다	진행되다	침체되다

1. Fill in the blanks using key verbs from the box above. Use appropriate grammatical markers, and/or conjugate, if necessary (e.g., 먹다 → 먹고, 먹은, 먹어야 합니다).

   a. 사회에 _____ 여성이 많아졌습니다.

   b. 사회가 _____ 교육 수준과 기간도 늘어났습니다.

   c. 경제가 _____ _____ 국가적 위기가 옵니다.

   d. 출산율을 높이기 위해 임산부에게 상려금을 _____.

   e. 의료 기술이 발달함으로써 고령화가 _____.

2. Rephrase the underlined expressions using words from the box.

   a. 참가자는 뛰어난 실력으로 2차 오디션에 <u>올라갔습니다</u>.

   _____

   b. 인공지능이 발달해서 <u>과학기술의 수준이 더 높아졌습니다</u>.

   _____

   c. 작년 아버지의 사업 실패로 올해 집안 분위기가 <u>우울하고 좋지 않습니다</u>.

   _____

   d. 보육 지원 사업이 <u>시작되어서</u> 일하는 부모의 육아 부담이 줄어들었습니다.

   _____

   e. 사장은 직원들에게 월급을 다음 달에 <u>줄</u> 계획입니다.

   _____

B. Study the grammatical markers by doing the exercises below. Find the answers on page 187.

1. Fill in the blanks with the appropriate grammatical marker. You may leave the space blank if no grammatical marker is needed.

Grammatical markers				
에는	에서	(으)로	조차	처럼

   a. 예전(   ) 아이를 꼭 낳아야 했지만 지금은 사회 분위기도 바뀌었습니다.

   b. 지금까지 그랬던 것(   ) 앞으로도 성공할 것입니다.

   c. 의학 기술의 발달(   ) 수명이 점점 늘어나고 있습니다.

2. Choose the appropriate word for each sentence.

   a. 아이를 많이 낳게 (될/되는) 현상도 나타날 것입니다.

   b. 기술이 (발달할수록/발달할만큼) 경제도 발전합니다.

   c. 부모에 (대한/대해) 재정 지원이 필요합니다.

Debate

Argument Development

Arguments are logical propositions that support the debaters' stance. Debaters defend their own statements and attempt to find flaws in the opponent's arguments.

A. Read and analyze each argument. Look for factual and/or logical flaws. Discuss or write your thoughts.

> ### 찬성측: 저출산은 해결해야 할 심각한 문제이다.
> ### Supporting side: A low birth rate is detrimental to society.

1. 출산율이 낮아지면 생산 인구가 감소됩니다. 그러면 경제활동 인구가 줄고 시장 그기도 작아져서 경제가 침체됩니다.

2. 고령화 때문에 의료비 지출이 늘어나서 사회에 부담이 됩니다. 또한, 적은 수의 젊은 층이 많은 노인층을 책임져야 해서 부양 부담이 증가하고 이는 세대 간의 갈등으로 이어질 수 있습니다.

3. 저출산으로 생기는 각종 문제들은 단순한 사회 현상이 아니라 국가의 존망과 관계된 중요한 문제들입니다.

4. 저출산을 해결하기 위해 출산시에 장려금을 주고, 아동 수당을 매달 지급하며, 보육 시설 운영을 늘려야 합니다.

5. 한 번 인구가 감소되면 회복하기가 어렵습니다. 그래서 인구절벽이라는 용어도 있습니다. 따라서 많은 나라들이 출산 장려 정책을 시행하고 있습니다.

> ### 반대측: 저출산은 하나의 사회 현상일 뿐이다.
> ### Opposing side: A low birth rate is not detrimental to society.

1. 사회가 고도화될수록 교육 기간이 늘어나고 결혼과 출산이 늦어져서 출산율이 자연스럽게 하락하게 됩니다.

2. 미래에는 인공지능이 일을 하므로 생산성이 높아지고 많은 생산 인구가 필요 없습니다. 따라서 저출산이 경제에 미치는 영향이 크지 않을 것입니다.

3. 출산율이 높아지는 베이비붐이나 출산율이 낮아지는 베이비버스트 모두 자연스러운 사회 현상들입니다.

4. 인구가 줄면 전세계 식량 문제도 해결되고, 개인의 부가 증가하며, 인권도 높아지게 될 것입니다.

5. 언젠가는 또 아이를 많이 낳게 되는 현상도 나타나서 이러한 문제들이 해결될 것이니 너무 걱정할 필요가 없습니다.

B. Read the arguments below. Match each argument on the left to the one on the right that opposes it. Find the answers on page 187.

Arguments stating that a low birth rate is detrimental	Arguments stating that a low birth rate is just a social phenomenon and can be beneficial
1. 출산율이 낮아지면 경제활동 인구가 줄어들고 경제가 침체됩니다.	a. 사회가 고도화될수록 교육 기간이 늘어나고 결혼과 출산이 늦어져서 출산율이 자연스럽게 하락하게 됩니다.
2. 고령화로 의료비 지출이 늘어날 것이며 젊은 층의 부양 부담이 증가할 것입니다.	b. 미래에는 인공지능이 일을 하므로 생산성이 높아져서 경제에 큰 문제가 없을 것입니다.
3. 저출산과 관련된 문제들은 국가의 존망과 관계되는 중요한 문제들입니다.	c. 베이비붐이나 베이비버스트 모두 자연스러운 사회 현상들입니다.
4. 출산 장려금 및 아동 수당 지급, 보육 시설 지원 등의 정책을 시행해야 합니다.	d. 인구가 줄면 식량 문제가 해결되고, 개인의 부가 증가하며, 인권도 높아질 것입니다.
5. 한 번 인구가 급격하게 감소되면 회복하기가 어렵기 때문에 인구절벽이라는 용어도 있습니다.	e. 언젠가는 또 아이를 많이 낳는 현상도 나타날 것이니 걱정할 필요가 없습니다.

C. In pairs, each take a side and role-play, referring to the chart in the previous exercise. After one reads an argument on the left, the other reads the counterargument. Repeat this for all statements. If you are studying alone, read both sides of the argument aloud.

Debate Expressions

A. You can deliver arguments effectively by using the following expressions. The expressions are in order so that each one is a reaction to the preceding argument. Read each expression aloud with the example, then study it. A is set as the supporting side and B is set as the opposing side in this table. However, either side can use any of the expressions. For more detailed instructions on how to use this chart, see page 27.

	Strategy	Debate expression
B	1 Expressing an Opposing Stance	저는 [statement] - 에 반대합니다. 출산율 장려 정책
		This is a common expression used to oppose a certain opinion.
A	2 Predicting Consequences	[statement] 될 겁니다. 인구가 줄면 국가가 망하게
		This expression assumes that consequences may occur and that the speaker's opinion should be considered, to avoid those consequences.
B	3-1 Blaming the Opponent's Opinion	너무 극단적인 결론입니다.
		This expression responds to the prediction made by the opponent in 2, above, and states that the conclusion is too extreme.
	3-2 Rebuttal with a Possibility	[condition] - 면 [statement] 수도 있는 것입니다. 인구가 줄 전세계 식량 문제가 해결될
		The expression revisits the opponent's assertion in 2, above, and predicts an opposite result by using the expression 수도 .
A	4 Refuting with a Question	[topic] - 은/는 생각 안 하십니까? 시장 축소로 경제가 침체되는 것
		This expression blames the opponent's shortsightedness, especially the opponent's assertion made in 3-2, above.

B. Write sentences using the debate expressions on page 125, substituting the phrases in brackets for your own arguments. Choose any supporting or opposing argument from the **Argument Development** section on pages 123–124 or create your own. Compare your sentences with those given on page 187 of the Answer Key.

_____

_____

_____

_____

_____

_____

_____

_____

_____

_____

_____

_____

_____

_____

_____

_____

_____

C. Use the sentence structure at the head of each column and add content from the examples to engage in a turn-taking discussion of the topic with your partner or alone.

1) Substitution Drill 1

	저는 [statement] - 에 반대합니다.	[statement] 될 겁니다.	너무 극단적인 결론입니다.
1.	출산율 장려 정책	인구가 줄면 국가가 망하게	
2.	아동 수당 지급	아동 수당이 없으면 육아를 기피하게	
3.	보육 시설 확대	보육 시설이 없으면 부모가 일을 그만두게	(no substitute words)
4.	부모에 대한 재성 지원	재정 지원이 없으면 아이를 안 낳게	
5.	출산 장려금 지급	장려금이 없으면 출산율이 떨어지게	

2) Substitution Drill 2

	[statement] 수도 있는 것입니다.	[statement] - 은/는 생각 안 하십니까?
1.	인구가 줄면 전세계 식량 문제가 해결될	시장 축소로 경제가 침체되는 것
2.	인공지능이 일을 하게 될	사람들의 일자리가 없어지는 것
3.	출산이 늦어지는 만큼 돈을 모을	산모와 아기의 건강
4.	여성의 사회 진출이 경제를 발전시킬	국가의 기본인 가정의 안정
5.	나중에 아이를 많이 낳게 될	그때까지 국력이 약해지는 것

Debate Activities

A. Write a debate script with 2–3 speech opportunities for each side, resulting in a total of 5 speech turns. Refer to the **Argument Development** and **Debate Expressions** sections for help. Then read aloud what you have written, or conduct a role-play with a partner.

Role A (supporting): A low birth rate is detrimental.	Role B (opposing): A low birth rate is just a social phenomenon and can be beneficial.
1. Role A: Express a stance	
	2. Role B
3. Role A	
	4. Role B
5. Role A	

B. You are now ready to debate. This may take place in the classroom, or you may simply use these new skills and knowledge in your interactions with other Korean speakers. Be sure to use the expressions you have learned in this chapter. Your debate may take the format outlined on page 31.

C. Imagine who your audience might be, then write a position paper for each side using the arguments and the expressions practiced in the previous activities. Your paper should include 시론 (Introduction), 본론 (Body) and 결론 (Conclusion). A sample answer is given on page 187.

1. 찬성 (A low birth rate is detrimental.)

서론	
본론	
결론	

2. 반대 (A low birth rate is just a social phenomenon and can be beneficial.)

서론	
본론	
결론	

Reflections

Reflect on your achievements by ticking the statements below that apply to you. Then make a list of any questions you may still have about the topic and improvements you can make in your debate skills for the next chapter.

❑ 나는 저출산은 국가적 위기라는 입장에서 나의 주장을 펼 수 있다.
❑ 나는 저출산에 대해 걱정할 필요가 없다는 입장에서 나의 주장을 펼 수 있다.
❑ 나는 이 토론 주제에 대해서 양쪽 모두의 주장을 반박할 수 있다.
❑ 나는 본 단원에서 배운 토론 표현을 자유롭게 사용하며 토론을 할 수 있다.

학습 후기, 질문, 향후 학습 시 개선 사항:

_____

_____

_____

_____

_____

_____

_____

_____

_____

_____

_____

_____

_____

CHAPTER 7

가상화폐
Virtual Currency
Is virtual currency the future of the economy?

Read the following passage and discuss or write your thoughts.

비트코인 거래량이 최고치로 증가했다. 이는 최근 세계 경제의 불안정성 때문인 것으로 보인다. 아직까지 가상화폐는 실제 돈처럼 느껴지지 않지만 그에 대한 열기는 계속되고 있다. 영국 케임브리지대에 따르면 비트코인을 채굴하는 데에 사용되는 전기는 아르헨티나와 노르웨이의 전기 소비량을 넘는다고 한다. 비트코인 채굴 수익률은 50% 정도로 아주 높다. 그러나 전기료가 올라가면 이와 같은 수익성이 사라질 것이다.

Key Vocabulary

거래량	transaction volume	열기	enthusiasm
소비량	consumption	채굴	mining
수익	profit		

Background Knowledge Activation

A. With a partner or in writing, discuss the following questions.

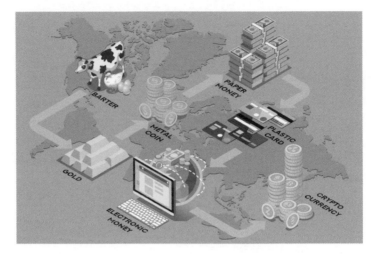

1. 위 그림에서 각각의 화폐를 뜻하는 한국어 단어는 무엇입니까?

2. 과거부터 현재까지 화폐가 어떻게 변했습니까?

3. 화폐의 형태가 왜 변해왔다고 생각합니까?

B. Read the definition of each word below and examine how those words are used in the example sentences. Think about the payment methods you discussed in task A above. How do they relate to 가상화폐, 전자화폐 and 실물화폐? Are there clear benefits and disadvantages to the various payment types or are the lines blurred?

단어	의미	예문
가상	사실이 아니거나 존재하지 않음.	가상 현실은 실재가 아닌 게임 속 세상 등을 말한다.
전자	전자를 이용한 제품이나 그것을 다루는 분야.	전자 기기는 이제 우리 생활의 중심이 되었다.
실물	현실에 존재하는 물건이나 사람.	그 화가의 그림은 실물과 똑같다.

Cultural Awareness

Study the graphs below and the text that follows overleaf. Focus on how the words 가상, 전자 and 실물 are used. Discuss or write your thoughts about whether or not virtual currency will change the economic system and the value or risk of investing in it.

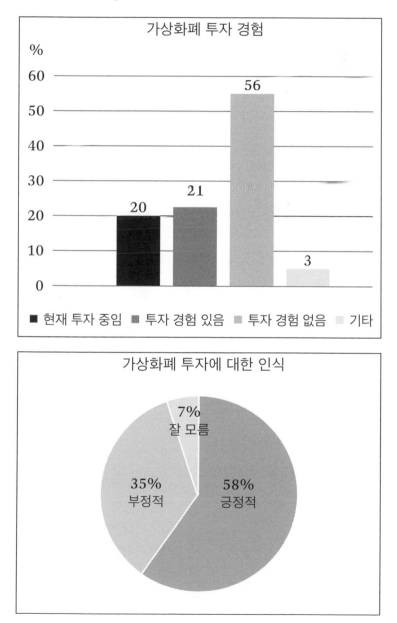

가상화폐 Cryptocurrency

가상화폐는 지폐나 동전과 같은 실물이 없는 전자 화폐로 현재 많은 사람들이 가상화폐에 투자하고 있습니다. 가상화폐 관련 설문 조사에서 5명 중 1명은 현재 투자 중인 것으로 나타났으며 2030세대와 같이 젊은 층일수록 투자 비율이 높아지는 것으로 나타났습니다. 한편, 가상화폐에 대한 인식 조사에서 58%가 가상화폐가 투자 자산으로 유용하며 미래의 화폐가 될 것이라는 긍정적인 인식을 갖고 있었습니다. 반면에 35%는 가상화폐는 실물화폐를 대체할 수 없으며 투자 자산으로 생각하지 않는다는 부정적인 인식을 갖고 있었습니다.

Main Idea Exploration

A. Make possible word combinations by filling in the blanks with the collocating words. Discuss the meaning of each combination. Words may be used multiple times, and not all blanks have to be filled in. Find the answers on page 187.

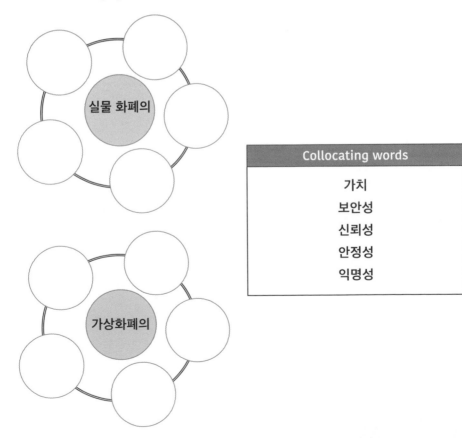

실물 화폐의

가상화폐의

Collocating words
가치
보안성
신뢰성
안정성
익명성

B. Read the following arguments and indicate whether you agree or disagree.

1. 가상화폐는 보안이 뛰어나다.   (   )

2. 실물 화폐는 안정되어 있다.   (   )

3. 가상화폐 거래는 위험하다.   (   )

4. 가상화폐의 익명성은 범죄에 악용될 수 있다.   (   )

5. 가상화폐는 실물 화폐와 가치가 똑같다.   (   )

C. If working with a study partner, compare your answers and discuss.

Content Comprehension

A. 🎧 Listen to audio file #7 and follow along with the main text below.

B. Read the text again and look up any unfamiliar words in the vocabulary list on the facing page or in a dictionary.

> ### 가상화폐는 미래의 화폐인가?
> ### Is virtual currency the future of the economy?

가상화폐를 이용하면 현금 없는 편리한 사회를 만들 수 있습니다. 우선, 은행을 거치지 않고 개인과 개인이 편리하게 거래할 수 있으며 수수료가 거의 없기 때문에 거래 비용이 낮습니다. 그래서 국제 송금에서 가상화폐를 이용하면 아주 저렴하게 송금이 가능합니다. 또한, 가상화폐는 블록체인 기술을 사용하기 때문에 보안성이 뛰어나며 해킹도 거의 불가능합니다. 비트코인으로 저장해 놓은 자산은 은행에 맡긴 것이 아니기 때문에 파산의 위험도 없습니다. 무엇보다도, 가상화폐는 이미 없애는 것이 불가능합니다. 마이크로소프트를 비롯한 많은 기업들은 가상화폐 결제를 도입했으며 온라인 쇼핑몰들에서도 사용되고 있습니다. 일부에서 국가만 화폐를 발행해야 한다고 하는데 이는 근거가 없는 주장입니다. 정부가 가상화폐를 반대하는 이유는 가상화폐가 널리 사용되면 정부의 힘이 약해지기 때문입니다. 기존 화폐 체제는 경제 위기와 인플레이션 위험 등으로 이미 신뢰를 잃었습니다. 가상화폐에 반대하는 사람들도 블록체인 기술은 연구해야 한다고 인정합니다. 가상화폐를 더 적극적으로 사용하여 화폐 제도를 발전시켜야 합니다.

한편, 가상화폐의 문제는 금과 달리 아무런 가치가 없다는 점입니다. 국가가 발행한 돈이 아니므로 아무런 신용이 없습니다. 예를 들면, 비트코인의 가격은 달러로 나타내며 그 가치가 항상 변하게 됩니다. 비트코인이 기준 화폐로서 기능을 할 수 없기 때문입니다. 블록체인 기술의 보안성은 매우 우수한 편입니다. 그러나 가상화폐가 거래되는 화폐 거래소는 종종 해킹을 당해서 사람들이 피해를 봅니다. 또한, 가상화폐는 익명성을 갖고 있어서 탈세나 자금 세탁이 가능하며 범죄에 악용될 수 있습니다.

거래 비용과 안정성도 풀어야 할 과제입니다. 대부분의 가상화폐는 거래와 환전에 수수료가 듭니다. 그래서 거래 건수가 많으면 수수료가 올라갈 수 있습니다. 즉, 거래 비용이 불안정한 것입니다. 또한, 가상화폐는 주로 거래소에서 거래가 이루어지는데 거의 투자 수단으로만 이용되고 있습니다. 현실에서는 화폐로서의 기능을 제대로 못 하고 있는 것입니다. 반면, 현재의 화폐 제도는 완벽하지는 않지만 신용과 안정성이 있습니다.

Key Vocabulary

건수	number of cases	수수료	service fee
국제 송금	international money transfer	익명성	anonymity
기존	existing	저렴하다	to be cheap
블록체인 기술	blockchain technology	탈세	tax evasion

C. Comprehension check. Find the answers on page 187.

1. Which is the most accurate description of virtual currency?

   a. 가상화폐는 기술 수준이 낮다.

   b. 가상화폐는 아직 사용되고 있지 않다.

   c. 가상화폐는 사용하는 사람이 누구인지 알 수 있다.

   d. 가상화폐를 사용하면 현금이 없는 사회를 만들 수 있다.

2. Which of the following topics is NOT mentioned in the text?

   a. 가상화폐의 장점

   b. 가상화폐의 한계

   c. 가상화폐의 문제점

   d. 가상화폐의 사용 비율

3. Which of the following statements best depicts a major drawback of using virtual currency?

   a. 보안성이 안 좋다.

   b. 거래 수수료가 없다.

   c. 가치가 변하지 않는다.

   d. 범죄에 악용될 수 있다.

4. What is the reason governments disapprove of virtual currency?

   a. 신용이 없는 돈이기 때문이다.

   b. 블록체인 기술을 사용하기 때문이다.

   c. 인플레이션 문제가 생기기 때문이다.

   d. 정부의 영향력을 약화시키기 때문이다.

5. What is the benefit of using gold over virtual currency?

    a. 실제 가치

    b. 최신 기술

    c. 뛰어난 보안

    d. 거래의 안정성

6. Choose the most logical basis for the argument 가상화폐는 이미 없애는 것이 불가능합니다.

    a. 이미 정부에서 인정하고 있다.

    b. 블록체인 기술로 보안성이 있다.

    c. 이미 결제 수단으로 사용되고 있다.

    d. 많은 사람들이 필요하다고 생각한다.

7. Choose the sentence that is NOT an appropriate description of 블록체인 기술.

    a. 보안성을 높이는 기술이다.

    b. 연구할 필요성이 높은 기술이다.

    c. 해킹이 거의 불가능한 기술이다.

    d. 사람들이 신뢰할 수 없는 기술이다.

D. Brainstorm and add related words or ideas to each type of currency. You may find them in the main text, in a dictionary, or online.

Type of currency	Words and concepts
가상화폐	1. 보안성 2. 익명성 3. 4. 5.
실물 화폐	1. 국가 발행 2. 은행 파산 3. 4. 5.

Useful Sentences for Discussion and Debate

A. Study the sentence structures by doing the exercises below. Find the answers on page 188.

Key verbs				
거래하다	도입하다	불안정하다	악용되다	잃다

1. Fill in the blanks using key verbs from the box above. Use appropriate grammatical markers, and/or conjugate, if necessary (e.g., 먹다 → 먹고, 먹은, 먹어야 합니다).

   a. 가상화폐는 탈세 등 범죄에 _____ 위험이 있습니다.

   b. 가상화폐는 가격 변동과 수수료 때문에 거래가 _____ .

   c. 많은 기업들이 가상화폐를 결제 수단으로 _____ 있습니다.

   d. 기존 화폐는 여러 문제로 사람들에게 신뢰를 _____ .

   e. 개인과 개인이 편리하게 가상화폐로 _____ 수 있습니다.

2. Rephrase the underlined expressions using words from the box.

   a. 그 음식점은 가짜 광고를 해서 <u>손님들이 더 이상 가지 않습니다</u>.

   _____

   b. 옛날에는 물물교환 방식으로 <u>물건을 사고 팔았습니다</u>.

   _____

   c. 치료 목적으로 만든 약이 지금 다른 용도로 <u>나쁘게 사용되고 있습니다</u>.

   _____

   d. 그 은행이 새로운 거래 시스템을 <u>사용하기 시작해서</u> 송금하기가 편해졌습니다.

   _____

   e. 경제가 <u>계속 좋았다가 나빴다가 하기</u> 때문에 사람들의 생활이 어렵습니다.

   _____

B. Study the grammatical markers by doing the exercises below. Find the answers on page 188.

1. Fill in the blanks with the appropriate grammatical marker. You may leave the space blank if no grammatical marker is needed.

Grammatical markers				
(으)로	(으)로서	에는	에서	은/는

   a. 주식 거래(   ) 돈이 듭니다.

   b. 대통령은 너무 많은 거짓말 등(   ) 인기를 잃었습니다.

   c. 블록체인 기술(   ) 계속 연구해야 합니다.

2. Choose the appropriate word for each sentence.

   a. 그는 (사장으로/사장으로서의) 자격이 없습니다

   b. 이 컴퓨터는 기능을 (적극적으로/제대로) 못 하고 있습니다

   c. 그 사람은 나와 (다른/달리) 운동을 열심히 합니다.

Part 3 Debate

Argument Development

Arguments are logical propositions that support the debaters' stance. Debaters defend their own statements and attempt to find flaws in the opponent's arguments.

A. Read and analyze each argument. Look for factual and/or logical flaws. Discuss or write your thoughts.

> ### 찬성측: 가상화폐는 미래의 화폐 체계이다.
> **Supporting side: Virtual currency is the future of the economy.**

1. 가상화폐를 이용하면 현금 없는 편리한 사회를 만들 수 있습니다.

2. 가상화폐는 블록체인 기술을 사용하기 때문에 보안성이 뛰어나며 해킹도 거의 불가능합니다.

3. 많은 기업들이 가상화폐 결제를 도입했으며 온라인 쇼핑몰들에서도 사용되고 있습니다.

4. 기존 실물 화폐 체제는 경제 위기와 인플레이션 위험 등으로 신뢰를 잃었습니다.

5. 국제 송금 등을 훨씬 저렴한 수수료로 할 수 있습니다.

가상화폐는 현재 화폐 제도를 대체할 수 없다.
Opposing side: Virtual currency is not the future of the economy.

1. 가상화폐는 국가가 발행한 돈이 아니므로 아무런 신용이 없습니다.

2. 가상화폐 거래소는 종종 해킹을 당해서 사람들이 피해를 봅니다.

3. 가상화폐는 익명성을 갖고 있어서 탈세나 자금 세탁이 가능하며 범죄에 악용될 수 있습니다.

4. 거래와 환전 수수료가 일정하지 않아 거래 비용이 불안정합니다.

5. 거의 투자 수단으로만 이용되고 있고 화폐로서의 기능을 못 하고 있습니다.

B. Read the arguments below. Match each argument on the left to the one on the right that opposes it. Find the answers on page 188.

Arguments stating that virtual currency is the future of the economy	Arguments stating that virtual currency cannot replace the current system
1. 가상화폐를 이용하면 현금 없는 편리한 사회를 만들 수 있습니다.	a. 가상화폐는 국가가 발행한 돈이 아니므로 아무런 신용이 없습니다.
2. 블록체인 기술은 보안성이 뛰어나며 해킹도 거의 불가능합니다.	b. 가상화폐 거래소는 종종 해킹을 당해서 사람들이 피해를 봅니다.
3. 많은 기업들이 가상화폐 결제를 도입해서 사용하고 있습니다.	c. 가상화폐는 익명성을 갖고 있어서 범죄에 악용될 수 있습니다.
4. 기존 실물 화폐 체제는 이미 신뢰를 잃었습니다.	d. 수수료가 일정하지 않아 거래 비용이 불안정합니다.
5. 국제 송금 등을 훨씬 저렴한 수수료로 할 수 있습니다.	e. 가상화폐는 거의 투자 수단으로만 이용되고 있습니다.

C. In pairs, each take a side and role-play, referring to the chart in the previous exercise. After one reads an argument on the left, the other reads the counterargument. Repeat this for all statements. If you are studying alone, read both sides of the argument aloud.

Debate Expressions

A. You can deliver arguments effectively by using the following expressions. The expressions are in order so that each one is a reaction to the preceding argument. Read each expression aloud with the example, then study it. In this table, A is the supporting side and B is the opposing side. However, either side can use any the expressions. For more detailed instructions on how to use this chart, see page 27.

	Strategy	Debate expression
A	1 Showing Certainty	저는 [statement] - 고 확신합니다. 가상화폐가 현금 없는 편리한 사회를 만들 것이라
		This expression shows the speaker's unwavering certainty about the statement.
B	2-1 Partial Disagreeing	저도 그렇게 생각합니다만, [topic] - 은/는 아니라고 봅니다 . 지금이 가상화폐틀
		This expression can be used when the "big picture" is agreed upon by both sides but the smaller details are not. Using the topic marker 은/는 is important because it contrasts the agreed upon parts and the parts about which there is disagreement.
	2-2 Providing Basis	[statement] - 고 있습니다. 지금의 화폐들은 투자 수단으로만 이용되
		This expression provides support to the preceding assertion. In the example it readdresses the topic 지금의 화폐들 , then the expression - 고 있습니다 shows that the statement is true in the present.
A	3 Refuting with Basis	[(refuting) basis] - 에 대해서는 어떻게 생각하십니까? 많은 회사들이 가상화폐 결제를 도입하는 것
		This expression delivers a question that refutes the assertion made by the opponent. By doing so, it requires the opponent to justify their assertion.
B	4 Neglecting Significance	그것은 일부의 현상일 뿐입니다.
		This idiomatic expression denies the generalizability of the opponent's statement, therefore minimizing its impact.

B. Write sentences using the debate expressions on page 145, substituting the phrases in brackets for your own arguments. Choose any supporting or opposing argument from the **Argument Development** section on pages 143–144 or create your own. Compare your sentences with those given on page 188 of the Answer Key.

_____

_____

_____

_____

_____

_____

_____

_____

_____

_____

_____

_____

_____

_____

_____

C. Use the sentence structure at the head of each column and add content from the examples to engage in a turn-taking discussion of the topic with your partner or alone.

1) Substitution Drill 1

	저는 [statement] - 고 확신합니다.	저도 그렇게 생각합니다만 [topic] - 은/는 아니라고 봅니다.
1.	가상화폐가 편리한 사회를 만들 것이라	지금의 가상화폐
2.	가상화폐는 보안성이 뛰어나다	지금의 보안 기술
3.	가상화폐는 범죄에 악용될 수 있다	항상 범죄에 악용되는 것
4.	가상화폐는 파산의 위험이 없다	모든 가상화폐가 그런 것
5.	피해를 보는 사람들이 생길 것이라	모든 사람들이 그렇게 되는 것

2) Substitution Drill 2

	[statement] - 고 있습니다.	[refuting basis] - 에 대해서는 어떻게 생각하십니까?	그것은 일부의 현상일 뿐입니다.
1.	지금의 가상화폐는 투자수단으로만 이용되	많은 회사들이 가상화폐 결제를 도입하는 것	
2.	가상화폐 거래소가 해킹 당하	블록체인 기술이 해킹을 안 당하는 것	
3.	이미 가상화폐는 돈세탁에 이용되	기존 화폐의 돈세탁	(no substitute words)
4.	일부 가상화폐는 폐지되	은행도 파산한다는 것	
5.	가상화폐로 돈을 버는 사람들도 나타나	가상화폐의 거래 비용이 불안정한 것	

Debate Activities

A. Write a debate script with 2–3 speech opportunities for each side, resulting in a total of 5 speech turns. Refer to the **Argument Development** and **Debate Expressions** sections for help. Then read aloud what you have written, or conduct a role-play with a partner.

Role A (supporting): Virtual currency is the future of the economy.	Role B (opposing): Virtual currency cannot replace the current system.
1. Role A: Express certainty	
	2. Role B
3. Role A	
	4. Role B
5. Role A	

B. You are now ready to debate. This may take place in the classroom, or you may simply use these new skills and knowledge in your interactions with other Korean speakers. Be sure to use the expressions you have learned in this chapter. Your debate may take the format outlined on page 31.

C. Imagine who your audience might be, then write a position paper for each side using the arguments and the expressions practiced in the previous activities. Your paper should include 서론 (Introduction), 본론 (Body) and 결론 (Conclusion). A sample answer is given on page 188.

1. 찬성 (Virtual currency is the future of the economy.)

서론	
본론	
결론	

2. 반대 (Virtual currency cannot replace the current system)

서론	
본론	
결론	

Reflections

Reflect on your achievements by ticking the statements below that apply to you. Then make a list of any questions you may still have about the topic and improvements you can make in your debate skills for the next chapter.

❑ 나는 실물 화폐와 가상화폐의 공통점과 차이점에 대해 말할 수 있다.
❑ 나는 가상화폐의 장점과 단점에 대해 말할 수 있다.
❑ 나는 이 토론 주제에 대해서 양쪽 모두의 주장을 반박할 수 있다.
❑ 나는 본 단원에서 배운 토론 표현을 자유롭게 사용하며 토론을 할 수 있다.

학습 후기, 질문, 향후 학습 시 개선 사항:

_____

_____

_____

_____

_____

_____

_____

_____

_____

_____

_____

_____

_____

CHAPTER 8

간접광고
Product Placement
Should we limit product placement and advertising?

Read the following passage and discuss or write your thoughts.

"이 초콜릿 정말 맛있다. 풍부한 카카오향과
깔끔한 끝 맛. 편의점에서 또 사 먹어야지!"

한 드라마에 나오는 대사이다. 이 드라마에서 남자 주인공은 길을 걷다가 갑자기 먹고 있던 초콜릿 상품에 대한 설명을 시작한다. 해당 초콜릿 상품이 15 초 간 등장하는 이 장면에 대해 시청자들의 비판이 거세지고 있다. 극의 흐름을 끊는 과도한 간접광고에 시청자들이 불쾌감을 느끼는 것이다.

Key Vocabulary

거세지다	to become harsh	불쾌감	unpleasantness
과도하다	to be excessive	비판	criticism
극	drama/play	주인공	main character
깔끔하다	to be sleek	풍부하다	to be abundant
등장하다	to appear		

Part 1 Warm-up

Background Knowledge Activation

A. Match the most appropriate descriptions on the left side to the images on the right. Find the answers on page 188.

1. 상품과 브랜드가
   자세하게 나온다.

2. 출연자가 상품을
   직접 소개한다.

3. 출연자가 상품을
   사용한다.

4. 특정한 장소가
   배경으로 나온다.

B. Below is a comparison of product placement 간접광고 (paying to display goods in a TV show, movie or social media account) and sponsorship 협찬 (paying to sponsor an event, TV show, etc.). Fill in the blanks choosing from an appropriate word in the box and any necessary grammatical markers. Find the answers on page 188.

Key Words				
광고비	광고주	상표	상품	효과

간접광고 (Product Placement: PPL)	협찬 (Sponsorship)
• 제작지가 광고를 해 주는 대신 (　　) 받음.	• (　　) 프로그램에 필요한 (　　) 또는 장소를 지원함.
• 방송에 회사명이나 (　　) 나옴.	• 방송에 회사명이나 (　　) 잘 안 나옴.
• 광고가 방송의 주요한 부분임.	• 광고가 방송을 지원하는 역할임.
• 방송 내용에 영향을 줌.	• 방송 내용에 영향을 거의 주지 않음.
• 광고 (　　) 직접적임.	• 광고 (　　) 간접적임.

Cultural Awareness

A. Read the text below and summarize what producers (제작자), advertisers (광고주) and audiences (시청자) want. Find the answers on page 188.

요즘 사람들은 TV 를 시청하는 시간보다 인터넷 동영상 서비스를 이용하는 시간이 더 많다. 따라서 TV 광고 시장은 축소되고 온라인 광고 시장이 성장하고 있다. 따라서 광고주들은 광고 효과가 좋은 간접광고를 선호한다. TV 방송사와 제작자들도 광고비를 많이 받을 수 있는 간접광고를 늘려야 한다고 주장한다. 그러나 지나친 간접광고는 시청자들의 집중을 방해하고 프로그램의 질을 떨어뜨릴 수 있다.

1. 제작자 : _____

2. 광고주 : _____

3. 시청자 : _____

Main Idea Exploration

Make possible word combinations by filling in the blanks with the collocating words. Discuss the meaning of each combination. Words may be used multiple times, and not all blanks have to be filled in. Find the answers on page 189.

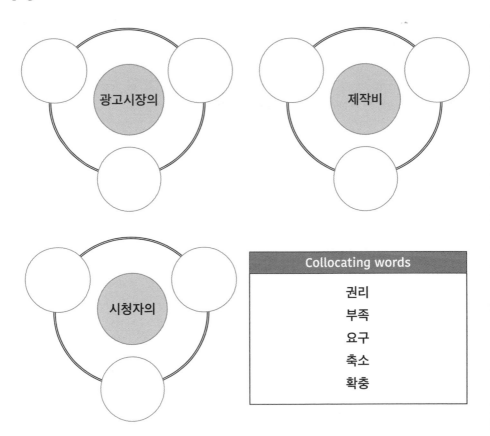

B. Read the following arguments and indicate whether you agree or disagree.

1. 제작자는 제작비를 확충하는 것이 가장 중요한 일이다.　　　(　　　　)

2. 기존 TV 광고 시장의 축소는 자연스러운 현상이다.　　　(　　　　)

3. 제작비가 부족하면 좋은 드라마를 못 만든다.　　　(　　　　)

4. 시청자의 요구에 따라 간접광고를 제한해야 한다.　　　(　　　　)

5. 간접광고는 시청자의 권리를 침해한다.　　　(　　　　)

C. If working with a study partner, compare your answers and discuss.

Part 2 Comprehension and Expressions

Content Comprehension

A. 🎧 Listen to audio file #8 and follow along with the main text below.

B. Read the text again and look up any unfamiliar words in the vocabulary list on page 159 or in a dictionary.

> ### 간접광고: 광고 시장의 변화와 시청자의 권리.
> ### Product placement: Changes in the advertising industry and audience's rights.

간접광고는 방송프로그램 안에서 상품이나 서비스, 회사의 로고 등을 노출시키는 광고 방식입니다. 요즘은 다양한 프로그램에서 간접광고를 볼 수 있으며, 때로는 방송 프로그램보다 간접광고가 더욱 주목받기도 합니다. 기존 형태의 광고 시장 규모는 감소하고 있지만 간접광고 수익은 계속 증가하고 있습니다.

프로그램 형식별로 보면 드라마와 예능에서 간접광고가 많이 나옵니다. 드라마는 광고를 포함시키기도 쉽고 광고 효과도 좋습니다. 예능 프로그램도 형식이 자유로워서 간접광고를 포함시키기가 쉽습니다. 반면에 교양 프로그램은 그 형식상 간접광고를 자연스럽게 삽입하기가 어렵습니다.

드라마의 간접광고는 종종 화제가 많이 됩니다. SBS의 <베가본드>(2019) 와 <스토브리그>(2020), KBS2의 <태양의 후예>(2016), tvN의 <알함브라 궁전의 추억>(2019) 등은 드라마가 큰 인기를 끌면서 해당 프로그램에 나온 간접광고 역시 많은 관심을 받았습니다. 이와 같이 프로그램의 인기가 높으면 프로그램뿐만 아니라 방송의 간접광고 역시 소셜 미디어와 인터넷에서 관심을 끕니다.

방송 프로그램 제작자에게는 간접광고가 제작비 확충에 큰 도움이 됩니다. 인터넷·모바일 광고 시장이 확대됨에 따라 기존 방송사들의 광고가 줄어들어서 경영에 어려움을 겪고 있기 때문입니다. 제작자 입장에서는 간접광고를 유치하면 광고비를 받거나 상품·서비스를 지원받을 수도 있으며 촬영 장소를 무료로 사용할 수도 있습니다.

그러나 간접광고는 제작자들이 직접 광고를 유치해야 하는 경우가 많습니다. 또한, 광고가 자연스럽게 노출될 수 있도록 프로그램을 만들어야 합니다. 종종 광고주들이 과도한 요구를 해서 방송 제작에 부담이 되기도 합니다. 이러한 부작용들은 결국 프로그램의 질적 저하로 이어지고 제작의 자율성을 침해하게 됩니다.

광고주 입장에서 간접광고는 매우 효율적인 광고 방식입니다. 방송 프로그램 내에서 유명 연예인이 특정 상품을 사용할 경우 상품의 인지도가 순식간에 올라가고 긍정적인 인식이 형성되게 됩니다. 특히, 드라마의 경우 시청자들의 저항 심리가 낮아서 광고 효과가 높고, 프로그램이 장기간 방송되기 때문에 상품이 반복적으로 노출되게 됩니다. 또한, 매장을 운영하는 사업주들은 자신들의 매장이 프로그램의 배경으로 사용될 경우 적은 투자로 매우 큰 광고 효과를 볼 수 있습니다. 이렇게 광고주 입장에서 간접광고는 비용대비 큰 효과를 볼 수 있는 광고 방식입니다.

반면에 시청자들은 간접광고를 부정적으로 보는 비율이 높습니다. 2016년 한국언론진흥재단 미디어 연구센터의 조사에서 시청자의 55%가 간접 광고를 보면 거부감이 생긴다고 응답했습니다. 가장 큰 이유는 "몰입 방해" 였는데 실제로 드라마 <더 킹 : 영원의 군주>(2020)가 과도한 간접광고 논란을 일으킨 적이 있습니다. 배우가 사용하는 핸드폰 앱이 화면에 크게 나오거나 특정한 상품이 반복적으로 노출되고 상품평이 대사로 나오기도 하는 등 드라마 내용과 상관없는 내용이 계속되었기 때문입니다. 이런 광고는 프로그램의 흐름을 끊고 몰입을 방해하여 시청자들을 불쾌하게 만듭니다.

광고의 효율성만 강조되다 보니 방송의 공공성이 무시되고 상업성만 강조되는 측면도 있습니다. 기존의 방송 광고는 프로그램과 광고가 분리되어 있었습니다. 그러나 간접광고는 광고가 방송 내용에 포함됩니다. 따라서 광고주의 요구가 프로그램에 반영될 수밖에 없습니다. 또한, 프로그램 안에서 상품이 자연스럽게 노출되기 때문에 시청자들이 광고를 회피할 권리가 침해되고 무비판적으로 광고를 받아들이게 됩니다. 방송의 공공성과 시청자의 권리가 보호되기 어려운 것입니다.

변화되는 광고시장에서 간접광고의 역할은 점점 더 커지고 있습니다. 간접광고는 이제 방송에서 자연스럽게 볼 수 있을 정도로 당연한 것이 되었습니다. 간접광고 시장의 발전을 위해서는 제작의 자율성과 시청자의 시청권, 방송의 공공성을 보장할 수 있는 정책을 수립해야 합니다. 그렇게 해야 간접광고 시장의 지속적이고 건전한 성장이 가능할 것입니다.

Key Vocabulary

건전하다	to be sound	상업성	commercial value
경영	management	수립하다	to establish
공공성	public interest	시청권	audience's rights
노출되다	to be exposed	유치하다	to invite
무비판적	uncritical	침범하다	to invade
반영되다	to be reflected	침해하다	to violate
부담	burden	효율성	efficiency

C. Comprehension check. Find the answers on page 189.

1. Which is the most accurate description of product placement?

   a. 교양 장르의 간접광고가 가장 자연스럽다.

   b. 주요 방송사의 간접광고 매출이 줄어들고 있다.

   c. 프로그램의 인기는 간접광고의 효과에 영향을 준다.

   d. 출연자가 상품을 사용하지만 상표가 노출되지 않는다.

2. Which statement was mentioned in the text?

   a. 간접광고 관련 법

   b. 간접광고 제작 과정

   c. 인터넷 광고 시장 규모

   d. 간접광고에 대한 시청자의 반응

3. Which of the points below, related to product placement, is more beneficial to TV program producers?

   a. 상품을 홍보할 수 있다.

   b. 제작의 자율성이 높아진다.

   c. 프로그램의 인기가 높아진다.

   d. 부족한 제작비를 채울 수 있다.

4. Which of the points below, related to product placement, is more beneficial to sponsors?

   a. 시청자의 권리를 찾을 수 있다.

   b. 제작자에게 광고비를 많이 준다.

   c. 프로그램 제작에 참여할 수 있다.

   d. 상품을 자연스럽게 반복적으로 노출할 수 있다.

5. Which of the points below, related to product placement, is the most detrimental to the TV audience?

   a. 몰입을 방해한다.

   b. 상품 과소비를 하게 된다.

   c. 광고 시간이 길어져서 TV 앞에서 보내는 시간이 늘어난다.

   d. 방송 중간에 광고를 하기 때문에 드라마 내용을 기억하지 못한다.

6. Which of the points below, related to product placement, would be least disturbing to the TV audience?

   a. 특정 매장의 모습이 드라마 배경으로 사용된다.

   b. 장면과 관련 없는 핸드폰의 앱이 확대되어 노출된다.

   c. 배우가 특정 음식만 계속 먹고 맛있다고 이야기한다.

   d. 드라마의 흐름과 관계없이 특정 상품을 반복해서 보여 준다.

7. According to the main text, which is NOT a problem related to product placement?

   a. 제작자의 자율성을 침해한다.

   b. 관련 정책이나 법이 부족하다.

   c. 상품의 인지도를 올릴 수 있다.

   d. 방송의 공공성이 보장되지 않는다.

D. In the charts on pages 161–162, brainstorm and add words or ideas each of the related groups is interested in. You may find them in the main text, in a dictionary, or online.

Related groups	Words and concepts
시청자	1. 프로그램 감상 권리 2. 광고 회피 권리 3. 4. 5.
제작자	1. 국가 발행 2. 은행 파산 3. 4. 5.

Related groups	Words and concepts
광고주	1. 상품 홍보
	2.
	3.
	4.
	5.

Useful Sentences for Discussion and Debate

A. Study the sentence structures by doing the exercises below. Find the answers on page 189.

Key verbs				
노출되다	반영되다	유치하다	침해하다	확충하다

1. Fill in the blanks using key verbs from the box above. Use appropriate grammatical markers, and/or conjugate, if necessary (e.g., 먹다 → 먹고, 먹은, 먹어야 합니다).

a. 광고주는 자신이 원하는 내용이 프로그램에 _____ 원합니다.

b. 제작비를 _____ 새로운 프로그램을 만들 수 있습니다.

c. 새로운 프로그램에 많은 광고를 _____ .

d. 시청자의 권리가 _____ 것을 막아야 합니다.

e. 간접광고에서는 상품이 자연스럽게 _____ .

2. Rephrase the underlined expressions using words from the box.

a. 이번 프로그램에 간접광고를 <u>받아야 합니다</u>.

_____

b. 이번 드라마에서 저희 사업장이 내용 흐름에 맞게 잘 <u>나왔습니다</u>.

_____

c. 간접광고를 통해 부족한 제작비를 <u>채울 수 있습니다</u>.

_____

d. 간접광고는 프로그램 <u>시청권</u>에 피해를 끼치게 됩니다.

_____

e. 이번 프로그램에 광고주가 원하는 내용이 <u>포함되어야 합니다</u>.

_____

B. Study the grammatical markers by doing the exercises below. Find the answers on page 189.

1. Fill in the blanks with the appropriate grammatical marker. You may leave the space blank if no grammatical marker is needed.

Grammatical markers				
(으)로	(으)로서	에	에는	에서

   a. 이제 간접광고 정책에 대해 본격적(   ) 논의해야 합니다.

   b. 시청자 입장(   ) 간접광고는 몰입을 방해합니다.

   c. 프로그램에 나온 상품은 순식간(   ) 인지도가 올라갑니다

2. Choose the appropriate word for each sentence.

   a. 간접광고를 해야 (비용대비/비용보다) 효과가 좋습니다.

   b. 간접광고의 (효율성만/효율성밖에) 강조되다 보니 공공성이 침해됩니다.

   c. 드라마는 (형식상/형식으로) 장기간의 광고가 가능합니다.

Debate

Argument Development

Arguments are logical propositions that support the debaters' stance. Debaters defend their own statements and attempt to find flaws in the opponent's arguments.

A. Read and analyze each argument. Look for factual and/or logical flaws. Discuss or write your thoughts.

찬성측: 간접광고 찬성.
Supporting Side: Product placement should not be regulated.

제작자 (Program Producers)/광고주 (Sponsors)/
방송사 (Broadcasting Companies)

1. 기존 광고 시장은 줄어들고 간접광고 시장은 성장하고 있습니다.

2. 드라마 간접광고는 상품 인지도와 노출 빈도 측면에서 광고 효과가 좋습니다.

3. 방송사와 프로그램 제작자는 간접광고를 통해 제작비를 확충할 수 있습니다.

4. 제작비가 충분해야 좋은 프로그램을 만들 수 있습니다.

5. 광고주들에게 간접광고는 비용대비 효과가 큰 광고 방식입니다.

반대측: 간접광고 반대.
Opposing side: Product placement should be regulated.

시청자 (Audience)/시민 단체 (Non-profit Organizations)

1. 간접광고는 프로그램 제작자들의 자율성을 방해합니다.

2. 광고주의 의견이 들어가고 상품이 노출되는 간접광고는 프로그램의 질을 저하시킵니다.

3. 방송내용에 광고가 포함되면 시청자들의 몰입을 방해하고 시청권을 침해합니다.

4. 방송 내용에 포함되어 있는 광고는 시청자들이 광고를 회피할 권리를 주지 않습니다.

5. 간접광고는 방송의 공공성을 해치고 상업성만 강조합니다.

B. Read the arguments below. Match each argument on the left to the one on the right that opposes it. Find the answers on page 189.

Arguments stating that product placement should not be regulated	Arguments stating that product placement should be regulated
1. 기존 광고 시장은 줄어들고 간접광고 시장은 성장하고 있습니다.	a. 간접광고는 프로그램 제작자들의 자율성을 방해합니다.
2. 드라마 간접광고는 상품 인지도와 노출 빈도 측면에서 광고 효과가 좋습니다.	b. 광고주의 의견이 들어가고 상품이 노출되는 간접광고는 프로그램의 질을 저하시킵니다.
3. 방송사와 프로그램 제작자는 간접광고를 통해 제작비를 확충할 수 있습니다.	c. 방송 내용에 광고가 포함되면 시청자들의 몰입을 방해하고 시청권을 침해합니다.
4. 제작비가 충분해야 좋은 프로그램을 만들 수 있습니다.	d. 간접광고는 시청자들이 광고를 회피할 권리를 주지 않습니다.
5. 광고주들에게 간접광고는 비용대비 효과가 큰 광고 방식입니다.	e. 간접광고는 방송의 공공성을 해치고 상업성만 강조합니다.

C. In pairs, each take a side and role-play, referring to the chart in the previous exercise. After one reads an argument on the left, the other reads the counterargument. Repeat this for all statements. If you are studying alone, read both sides of the argument aloud.

Debate Expressions

A. You can deliver arguments effectively by using the following expressions. The expressions are in order so that each one is a reaction to the preceding argument. Read each expression aloud with the example, then study it. In this table, A is the supporting side and B is the opposing side. However, either side can use any the expressions. For more detailed instructions on how to use this chart, see page 27.

	Strategy	Debate expression
A	1 Stating Main Argument	저는 [**assertion**] - 고 봅니다. 간접광고가 결국 TV 프로그램의 품질을 전반적으로 높인다 This expression delivers the content in the "I think that [assertion]" form, making the statement indirect. Thus it may increase the formality of one's speech, but wields less power than content-only statements.
B	2-1 Requesting Grounds	[**opponent's assertion**] 간접광고가 프로그램의 품질을 높인다 - 는 주장에 대해서 구체적인 근거를 말씀해 주십시오. This expression is used to request a factual basis for the argument the opponent has made.
	2-2 Presuppositive Refuting	만약 [assumption] - 면 어떻게 되겠습니까? [consequences] 간접광고가 너무 많아지 시청자들이 외면할 것입니다 This expression, "if____ then____," claims that the assertion is false by presenting negative consequences.
A	3-1 Smooth Rebutting	그 말씀도 일리가 있습니다만 [assertion] 제작비 확보도 중요한 문제입니다. This expression enables the speaker to partially accept a claim made by the opponent and to build upon it in order to support their own argument.
	3-2 Conditional Concluding	[**assertion**] - 되 [**conditions**] 간접광고를 제한하 드라마에는 허용해야 합니다. By using this expression, the speaker can make a refined conclusion by adopting their opponent's opinions as one of the conditions of the conclusion.

B. Write sentences using the debate expressions on page 167, substituting the phrases in brackets for your own arguments. Choose any supporting or opposing argument from the **Argument Development** section on pages 165–166 or create your own. Compare your sentences with those given on page 189 of the Answer Key.

_____

_____

_____

_____

_____

_____

_____

_____

_____

_____

_____

_____

_____

_____

_____

_____

_____

C. Use the sentence structure at the head of each column and add content from the examples to engage in a turn-taking discussion of the topic with your partner or alone.

1) Substitution Drill 1

	저는 [statement] - 고 봅니다.	[opponent's assertion] - 는 주장에 대해서 구체적인 근거를 말씀해 주십시오.
1.	간접광고가 프로그램의 품질을 높인다	프로그램의 품질을 높인다
2.	간접광고의 광고효과가 크다	광고효과가 크다
3.	간접광고가 소비자의 상품 선택에 도움을 준다	소비자의 상품 선택에 도움을 준다
4.	간접광고는 광고주와 제작자 모두에게 이익이라	광고주와 제작자에게 이익이라
5.	간접광고가 방송의 공공성을 침해하지 않는다	방송의 공공성을 침해하지 않는다

2) Substitution Drill 2

	만약 [assertion] - 면 어떻게 되겠습니까?	[consequence]	그 말씀도 일리가 있습니다. [assertion] - 되	[conditions]
1.	간접광고가 너무 많아지	시청자들의 몰입도를 떨어뜨리게 될 것입니다.	간접광고를 허용하	그 총량을 제한해야 됩니다.
2.	시청자들이 간접광고가 나오는 프로그램을 기피하	프로그램 시청률이 떨어질 것입니다.	간접광고를 허용하	시청자들의 거부감을 줄이는 방법을 찾아야 합니다.
3.	광고주가 프로그램에 영향을 주	프로그램의 품질이 떨어질 것입니다.	광고주들이 광고비는 지불하	프로그램에는 간섭할 수 없게 해야 합니다.
4.	제작자들이 간접광고 유치에만 관심이 있다	광고주가 좋아하는 프로그램만 만들게 될 것입니다.	간접광고 유치는 하	프로그램의 독립성을 보장할 방법을 찾아야 합니다.
5.	방송이 너무 상업화 되	방송의 공공성이 훼손될 것입니다.	간접광고를 내보내	규제를 해야 합니다.

Debate Activities

A. Write a debate script with 2–3 speech opportunities for each side, resulting in a total of 5 speech turns. Refer to the **Argument Development** and **Debate Expressions** sections for help. Then read aloud what you have written, or conduct a role-play with a partner.

Role A (supporting): Product Placement should not be regulated.	Role B (opposing): Product placement should be regulated.
1. Role A: State an argument	
	2. Role B
3. Role A	
	4. Role B
5. Role A	

B. You are now ready to debate. This may take place in the classroom, or you may simply use these new skills and knowledge in your interactions with other Korean speakers. Be sure to use the expressions you have learned in this chapter. Your debate may take the format outlined on page 31.

C. Imagine who your audience might be, then write a position paper for each side using the arguments and the expressions practiced in the previous activities. Your paper should include 서론 (Introduction), 본론 (Body) and 결론 (Conclusion). A sample answer is given on pages 189–90.

1. 찬성 (Product placement should not be regulated.)

서론	
본론	
결론	

2. 반대 (Product placement should be regulated.)

서론	
본론	
결론	

Reflections

Reflect on your achievements by ticking the statements below that apply to you. Then make a list of any questions you may still have about the topic and improvements you can make in your debate skills.

❏ 나는 간접광고와 협찬의 공통점과 차이점에 대해 설명할 수 있다.
❏ 나는 간접광고의 장점과 단점을 비교하여 설명할 수 있다.
❏ 나는 간접광고에 대한 광고주, 제작자, 시청자 각각의 입장을 정리할 수 있다.
❏ 나는 본 단원에서 배운 토론 표현을 자유롭게 사용하며 토론을 할 수 있다.

학습 후기, 질문, 향후 학습 시 개선 사항:

_____

_____

_____

_____

_____

_____

_____

_____

_____

_____

_____

_____

_____

_____

Words & Expressions List

Chapter 1

Opening Passage, page 15

결혼정보회사 a matchmaking company
공감 empathy
꼽다 to pick
미혼 unmarried
사랑에 빠지다 to fall in love
설문조사 a survey

Background Knowledge Activation, page 16

인공 위성 satellite
인공 심장 artificial heart
인공 눈물 artificial tear
인공 관절 artificial joint
인공 감미료 artificial sweetener

Main Idea Exploration, page 18

생명 life
인격 personality
학습 learning

Content Comprehension, page 19

가능성 possibility
가상 virtual
광고 advertisement
교감하다 to communicate
규칙 rules
낫다 to be better
동영상 video
반응하다 to react
빠져들다 to immerse in
상처를 주다 to hurt
역할 role
장애인 handicapped
정상 normal
직원 staff
진정 true
프로필 profile
활동 activity
희생 a sacrifice

Useful Sentences for Discussion and Debate, page 23

속이다 to fool; to deceive
창조하다 to create
희생하다 to sacrifice

Debate Expressions, page 27

- [statement] 수 없습니다.
- 저는 그 의견에 동의할 수가 없습니다.
- [fact] - 기 때문입니다.
- [statement] - 고 생각하십니까?
- 제 주장은 [assertion] - 는 것입니다.

Chapter 2

Opening Passage, page 35

불평등 inequality
빈부격차 rich-poor gap
상위 / 하위 upper/lower
자산 asset
중산층 middle class

Background Knowledge Activation, page 35

관리직 administrative jobs
노무직 laboring jobs
서비스직 service jobs
전문직 professional jobs
능력주의 meritocracy
평등주의 egalitarianism

Main Idea Exploration, page 37

계급론 theory of class
극복 overcome
대물림 passing down; inheritance
수저 spoon

Content Comprehension, page 38

가치관 values
극복하다 to overcome
돌리다 to impute
물려받다 to inherit

변명 an excuse
부유하다 to be rich
불공정 unfairness
수동적 passive
재력 wealth
정책 policy
체제 system
탓 fault

Useful Sentences for Discussion and Debate, page 42
나타나다 to appear

Debate Expressions, page 46
- [proverb/tradition] - 던 시대는 지나갔습니다.
- 저는 조금 생각이 다릅니다. [(refute) assertion]
- 예외적인 사례를 일반화하지 마십시오.
- 제가 하던 말을 끝내게 해 주십시오. [(supplementary) assertion]
- 그렇지 않습니다. [assertion] - 는 것입니다

Chapter 3
Opening Passage, page 53
사회 문제 social problem
악화시키다 to worsen
자극적 provocative
전파 spread

Background Knowledge Activation, page 54
감성 emotions
연령대별 divided by age
전자기기 electronic devices
정서 sentiment
편리함 convenience

Main Idea Exploration, page 57
미성숙한 immature
진실된 sincere
효율적 efficient

Content Comprehension, page 58
과시하다 to show off
교류하다 to exchange
맺다 to form a relationship
미성숙하다 to be immature
상호작용 interaction
소통하다 to communicate
수단 means
연령층 age group
전문성 professionalism
정서 sentiment
제약 restriction
제한하다 to limit
중독 addiction
허영심 vanity
형성하다 to form
홍보 publicity

Useful Sentences for Discussion and Debate, page 62
가능하다 possible

Debate Expressions, page 66
- 저는 [statement] - 에 대해 부정적인 입장입니다.
- [outcome] 수 있습니다.
- [issue] - 은 / 는 [ought] - 야 된다고 봅니다.
- 저는 그렇게 생각하지 않습니다.
- [assertion]. 왜 단점만 강조하십니까?

Chapter 4
Opening Passage, page 73
군복무 military service
데뷔 debut
모범 good example
발돋움하다 to grow up
방영되다 to be broadcast
입대 joining the army
제대하다 to leave the army
표창 commendation
환호 a cheer

Background Knowledge Activation, page 74

제도 system
징병 conscription

Main Idea Exploration, page 76

면제 exemption
병역 military service
의무 obligation
이익 benefit
특례 exception

Content Comprehension, page 77

경력 career
고전 classic
국방력 national defense
기여 contribution
객관적 objective
단절 severance
대체복무 substitute military service
불공평하다 to be unfair
인지도 recognition
전성기 heyday
정치적 political
형평성 fairness

Useful Sentences for Discussion and Debate, page 82

가져다 주다 to bring
기여하다 to contribute
단절되다 to be severed
지정하다 to designate

Debate Expressions, page 86

• 저는 [topic] - 에 동의합니다.
• [assertion] - 야 합니다.
• [assertion] - 니까?
• 그러니까 [suggestion] - 자는 것입니다.
• 그것은 문제의 근본적인 해결책이 아닙니다.

Chapter 5

Opening Passage, page 93

검색 search
사업 business
입장 stance
절판 out of print
중단하다 to discontinue
해결 resolution

Background Knowledge Activation, page 94

가독성 readability
비용 cost
친밀감 affinity
피로 fatigue
휴대성 mobility

Main Idea Exploration, page 96

성취감 a sense of accomplishment

Content Comprehension, page 97

구매 purchase
기기 device
물류 logistic
분량 amount
산업 industry
생략되다 to be skipped
성취감 sense of achievement
성취도 achievement
소모되다 to be exhausted
소비 spend
유통 distribution
자원 resource
전산망 computer network
증가시키다 to increase
컨텐츠 contents
피로감 sense of fatigue

Useful Sentences for Discussion and Debate, page 101

보호하다 to protect
부담이 되다 to be a burden
유통하다 to distribute
일으키다 to cause
저금하다 to save money

전염병 epidemic
접촉하다 to confront

Debate Expressions, page 106

- [statement] - 지 않습니까?
- 그래서 [(opponent's) assertion] - 는 말 씀입니까?
- 그게 아니고 [(defensive) assertion] - 는 것입니다.
- 저는 그렇게 보지 않습니다. [statement] 수도 있는 것입니다.
- 근거가 타당하지 않습니다. [assertion].

Chapter 6

Opening Passage, page 113

개발도상국 developing country
복지 welfare
부정적 negative
비율 ratio
선진국 developed country
시행하다 to enforce
의료 medical service
인구구조 population structure
출산율 birth rate
활력 vitality

Background Knowledge Activation, page 114

갈등 conflict
고령화 aging
기대 수명 life expectancy
노동력 labor (force)
부양 support
세대 generation
인구 population
출생아 newborns
합계출산율 total fertility rate

Main Idea Exploration, page 116

감소 decrease
부담 burden
장려 encouragement
증가 growth
지원 support
침체 recession

Content Comprehension, page 117

강요 coercion
경쟁력 competitiveness
고도화 advancement
인권 human rights
장려금 grant
재정 finance
저출산 low birth rate
존망 survival
지급하다 to provide
(사회에) 진출하다 to enter the real world
침체되다 to be depressed

Useful Sentences for Discussion and Debate, page 121

진행되다 to progress
고도화되다 to be advanced

Debate Expressions, page 125

- 저는 [statement] - 에 반대합니다.
- [statement] 될 겁니다.
- 너무 극단적인 결론입니다.
- [condition] - 면 [statement] 수도 있는 것입니다.
- [topic] - 은 / 는 생각 안 하십니까?

Chapter 7

Opening Passage, page 133

거래량 transaction volume
소비량 consumption
수익 profit
열기 enthusiasm
채굴 mining

Background Knowledge Activation, page 134

지폐 paper money
투자 investment
화폐 currency

Main Idea Exploration, page 136

보안성 protection

안정성 safety
익명성 anonymity
환전 currency exchange

Content Comprehension, page 138

건수 number of cases
국제 송금 international money transfer
기존 existing
블록체인 기술 blockchain technology
수수료 service fee
저렴하다 to be cheap
탈세 tax evasion

Useful Sentences for Discussion and Debate, page 142

가격 변동 price fluctuation
거래하다 to transact
도입하다 to introduce
물물교환 barter
불안정하다 to be unstable
송금하다 to transfer money
악용되다 to be abused
용도 purpose
잃다 to lose
주식 stocks

Debate Expressions, page 145

• 저는 [statement] - 고 확신합니다.
• 저도 그렇게 생각합니다만 , [topic] - 은/는 아니라고 봅니다.
• [topic] - 은/는 아니라고 봅니다.
• [statement] - 고 있습니다.
• [(refuting) basis] - 에 대해서는 어떻게 생 각하십니까?
• 그것은 일부의 현상일 뿐입니다.

Chapter 8

Opening Passage, page 153

거세지다 to become harsh
과도하다 to be excessive
극 drama/play
깔끔하다 to be sleek
등장하다 to appear
불쾌감 unpleasantness
비판 criticism
주인공 main character
풍부하다 to be abundant

Background Knowledge Activation, page 154

간접적 indirect
광고비 advertisement expenses
광고수 advertiser
노출되다 to be exposed
상표 trademark
선호하다 to prefer
소개하다 to introduce
지나치다 to be excessive
질 quality

Main Idea Exploration, page 156

권리 right
부족 shortage
요구 request; demand
축소 decrease
확충 to supplement (money)

Content Comprehension, page 157

건전하다 to be sound
경영 management
공공성 public interest
노출되다 to be exposed
무비판적 uncritical
반영되다 to be reflected
상업성 commercial value
수립하다 to establish
시청권 audience's rights
유치하다 to invite
침범하다 to invade
침해하다 to violate
효율성 efficiency

Debate Expressions, page 167

- 저는 [assertion] - 고 봅니다.
- [opponent's assertion]- 는 주장에 대해 서 구체적인 근거를 말씀해 주십시오.
- 만약 [assumption]- 면 어떻게 되겠습니 까 ? [consequences]
- 그 말씀도 일리가 있습니다만 [assertion]
- [assertion]- 되 [conditions]

Answer Key

Chapter 1

Background Knowledge Activation
page 16, B.

1. d   2. b   3. e   4. c   5. a

page 17, C.

1. 인공 위성은 안 떨어질까?
2. 인공 심장은 진짜 심장과 똑같을까?
3. 인공 눈물은 누가 사용하나?
4. 인공 관절과 진짜 관절 사이에 차이가 있을까?
5. 인공 감미료의 부작용에는 무엇이 있을까?

Main Idea Exploration
page 18, A.

인간의: 사랑, 마음, 마음, 인격, 생명
인공 지능의: 사랑, 학습, 마음

Content Comprehension
pages 20–21, C.

1. c   2. d   3. a   4. d   5. b

Useful Sentences for Discussion and Debate
page 23, A.

1.
a. 희생하는
b. 빠져듭니다
c. 창조한
d. 속이는
e. 교감하는

2.
a. 창조했습니다
b. 사람들을 속입니다
c. 희생했습니다
d. 빠져들었습니다
e. 교감하는 것입니다

page 24, B.

1.
a. 보다
b. 과
c. 으로

2.
a. 프로그램일
b. 실제로
c. 절대

Argument Development
page 26, B.

1. b   2. f   3. c   4. a   5. e
6. d   7. g

Debate Expressions
page 28, B.

찬성
1. 인공지능과 교감하는 시대의 흐름을 바꿀 수 없습니다.
2. 저는 그 의견에 동의할 수가 없습니다.
3. 사람들은 이미 로봇과 결혼해서 행복해 하고 있기 때문입니다.
4. 사람들이 로봇과 결혼해서 행복해 하는 것이 가짜라고 생각하십니까?
5. 제 주장은 인간과 인공지능은 친구가 될 수 있다는 것입니다.

반대
1. 인공지능은 진정으로 희생을 할 수 없습니다.
2. 저는 그 의견에 동의할 수가 없습니다.
3. 인공지능은 진정으로 사람을 사랑할 수 없기 때문입니다.
4. 인공지능이 가족이 될 수 있다고 생각하십니까?
5. 제 주장은 인공지능은 도구일 뿐이라는 것입니다.

Debate Activities pages 32–33, C.

1. 찬성
저는 인간이 인공 지능을 사랑할 수 없다는 의견에 동의할 수 없습니다. 왜냐하면 사람들은 이미 로봇과 결혼하며 행복해 하고 있기 때문입니다. 인공지능은 이미 인간에게 많은 도움을 주고 있습니다. 인공지능은 사랑을 표현하는 법을 배울 수도 있습니다.

이러한 시대적 흐름을 바꿀 수 있다고 생각하십니까? 인공지능이 사랑을 표현하는 법을 배우면 연인이나 가족이 될 수 있다고 생각합니다.

그래서 제 주장은 인간은 이미 인공지능과 교감하고 있고 사랑을 나누고 있다는 것입니다.

2. 반대
저는 인간이 인공지능을 사랑할 수 있다는 의견에 동의할 수 없습니다. 왜냐하면 인공지능은 진정으로 인간을 사랑할 수 없기 때문입니다.

인공지능은 사랑스러운 행동을 할 수 있지만 사랑을 느낄 수 없습니다. 겉으로 그러한 행동과 말을 한다고 진정한 사랑이라고 할 수 있을까요? 저는 아니라고 생각합니다.

그래서 제 주장은 인공지능이 사람을 도울 수는 있지만 인간과 진정한 사랑을 나눌 수는 없다는 것입니다.

Chapter 2
Main Idea Exploration
page 37, A.
부의: 대물림, 불평등
가난의: 극복, 대물림
수저: 계급론, 계급 사회, 대물림

Content Comprehension
pages 39–40, C.
1. c   2. a   3. d   4. d   5. c

Useful Sentences for Discussion and Debate
page 42, A.
1.
a. 수동적인
b. 물려받은
c. 극복하고
d. 변명입니다
e. 나타납니다

2.
a. 극복한
b. 할아버지께 물려받은 것입니다
c. 수동적인
d. 변명입니다
e. 나타납니다

page 43, B.
1.
a. 는
b. 만으로
c. 도

2.
a. 생각으로는
b. 돈으로
c. 없이

Argument Development
page 45, B.
1. a   2. e   3. b   4. d   5. c

Debate Expressions
page 47, B.
찬성
1. 부모의 지원으로 성공하던 시대는 지나갔습니다.
2. 저는 조금 생각이 다릅니다. 재능과 노력을 통해 여전히 흙수저도 성공할 수 있습니다.
3. 예외적인 사례를 일반화하지 마십시오.
4. 제가 하던 말을 끝내게 해 주십시오. 집안이 부유해도 실패하는 경우를 많이 봤습니다.
5. 그렇지 않습니다. 부모의 재력이 없이 성공할 수도 있는 것입니다.

반대

1. 노력만으로 성공하던 시대는 지나갔습니다.
2. 저는 조금 생각이 다릅니다. 부모의 도움이 있어야 좋은 교육도 받을 수 있습니다.
3. 예외적인 사례를 일반화하지 마십시오.
4. 제가 하던 말을 끝내게 해 주십시오. 부의 대물림은 세계적인 현상입니다.
5. 그렇지 않습니다. 부모의 지원이 있어야 성공의 가능성이 높아지는 것입니다.

Debate Activities
pages 50–51, C.

찬성

사람들은 부모의 경제력이 중요하다고 하지만 저는 조금 생각이 다릅니다. 흙수저도 열심히 노력하면 성공할 수 있습니다. 실제로 부모의 재력 없이 성공하는 사람들도 있습니다. ↑지게 급론은 노력하지 않는 사람들의 변명일 뿐입니다. 부모의 재력은 도움을 줄 뿐이고 성공은 노력이 결정하는 것입니다.

반대

노력만으로 성공하던 시대는 지나갔습니다. 부모의 재력이 있어야 좋은 교육도 받을 수 있습니다. 아무리 뛰어난 재능을 가지고 있어도 부모의 지원이 있어야 노력도 할 수 있습니다. 즉, 집안 환경이 좋아야 성공할 수 있는 것입니다. 그래서 부의 대물림이라는 현상도 나타나는 것입니다.

Chapter 3
Cultural Awareness
pages 55–56, B

1. 소셜미디어와 디지털 시대
2. 디지털 시대의 아날로그 감성
3. 디지털 시대의 문화
4. 아날로그 감성을 느꼈던 시절
5. 소셜 미디어는 인간관계를 어떻게 바꿨는가 ?

Main Idea Exploration
page 57, A.

관계: 긍정적, 다양한, 미성숙한, 진실된, 효율적인
감정: 긍정적, 다양한, 미성숙한

Content Comprehension
pages 59–60, C.

1. c   2. a   3. a   4. c   5. c

Useful Sentences for Discussion and Debate
page 62, A.

1.
a. 제한해야 합니다
b. 가능합니다
c. 맺을 수 있습니다
d. 교류하는
e. 과시합니다

2.
a. 과시합니다
b. 교류입니다
c. 맺고 있습니다
d. 제한하고 있습니다
e. 영상통화가 가능합니다

page 63, B.

1.
a. 으로도
b. 에는
c. 에서

2.
a. 손쉽게
b. 아직
c. 진실된

Argument Development
page 65, B.

1. d   2. g   3. c   4. e   5. b
6. a   7. f

Debate Expressions
page 67, B.
찬성
1. 저는 청소년들의 소셜 미디어 사용 제한에 대해 부정적인 입장입니다.
2. 소셜 미디어를 통해서 취업을 할 수 있습니다.
3. 청소년들은 소셜 미디어를 자유롭게 사용해야 된다고 봅니다.
4. 저는 그렇게 생각하지 않습니다.
5. 다양한 사람과의 교류가 도움이 될 수도 있는 것입니다. 왜 단점만 강조하십니까?

반대
1. 저는 소셜 미디어에 대해 부정적인 입장입니다.
2. 정서적으로 미성숙한 청소년들에게 잘못된 영향을 줄 수 있습니다.
3. 특히 청소년들의 사용은 제한해야 된다고 봅니다.
4. 저는 그렇게 생각하지 않습니다.
5. 소셜 미디어를 사용하지 않아도 문제없이 살 수 있습니다. 왜 단점만 강조하십니까?

Debate Activities
pages 70–71, C.
찬성
저는 소셜 미디어에 대해 긍정적인 입장입니다. 요즘은 소셜 미디어를 통해서 취업을 할 수 있습니다. 요즘 세대들은 소셜 미디어 스타나 소셜 미디어를 이용하는 직업에 관심이 많습니다. 그리고 실제로 큰 돈을 버는 사람들이 많습니다. 그래서 어릴 때부터 소셜 미디어 사용을 많이 해야 된다고 봅니다.

반대
저는 소셜 미디어에 대해 부정적인 입장입니다. 소셜 미디어 회사들은 자신들의 서비스를 오래 사용하도록 만듭니다. 청소년들이 소셜 미디어에 중독될 수 있습니다. 그러면 학교 성적이 나빠질 것입니다. 그래서 청소년들의 소셜 미디어 사용을 제한해야 된다고 봅니다.

Chapter 4
Background Knowledge Activation, page 75, C
Exemption Policy
1. 권위 있는 대회에서 상을 3 개 이상 받은 경우 예) 백상예술대상, 오스카, 그래미
2. 유튜브 구독자가 5,000 만 명이 넘을 경우

Logical Justifications
1. 대중 예술 분야에서 권위 있는 상을 받았다면 전세계적인 국가 홍보를 하고 있다고 볼 수 있다.
2. 요즘은 유튜브가 TV 보다 영향력이 크므로 유튜브 구독자가 일정 숫자 이상이면 대중성이 공인된 것이다.

Main Idea Exploration, page 76 A
국가: 의무, 이익
병역: 의무, 면제, 특례
군: 면제, 복무

Content Comprehension
page 79, C.
1. b   2. b   3. c   4. b   5. b

Useful Sentences for Discussion and Debate
page 82, A.
1.
a. 단절됐습니다
b. 가져다 주었습니다
c. 불공평합니다
d. 지정했습니다
e. 기여했습니다

2.
a. 단절됩니다
b. 이익을 가져다 주었습니다
c. 기여하고 싶습니다
d. 불공평합니다
e. 지정해야 합니다

page 83, B.
1.
a. 로
b. 에는
c. 끼지

2.
a. 한다고
b. 것보다
c. 바꾸게

Argument Development
page 85, B.
1. a   2. b   3. d   4. e   5. c

Debate Expressions
page 87, B.
찬성
1. 저는 대체복무 제도에 동의합니다.
2. 국가에 기여하는 대중 예술인은 면제를 해 줘야 합니다.
3. 국가를 알리는 일도 중요하지 않습니까?
4. 그러니까 공평한 기준을 만들자는 것입니다.
5. 그것은 문제의 근본적인 해결책이 아닙니다.

반대
1. 저는 국방력이 중요하다는 의견에 동의합니다.
2. 국가에 기여하는 부분은 인정하지만 군 복무는 해야 합니다.
3. 국방보다 중요한 것이 있습니까?
4. 그러니까 형평성을 생각해서라도 모두가 평등하게 군대를 가자는 것입니다.
5. 그것은 문제의 근본적인 해결책이 아닙니다.

Debate Activities pages 90–91, C.
찬성
저는 대중 예술인의 병역 면제에 동의합니다. 그들이 상을 타면 병역 면제를 해 줘야 합니다. 아직 병역 면제에 대한 구체적인 기준은 없지만 만들면 된다고 생각합니다. 국가에서 기준을 만들어서 대중 예술인을 병역 면제자로 지정할 수 있습니다. 그들도 다른 분야처럼 대체복무를 하면 됩니다. 그러니까 객관적인 기준을 만들자는 것입니다.

반대
저는 대중예술인의 병역면제에 동의하지 않습니다. 그들도 다른 사람들과 마찬가지로 군대를 가야 합니다. 형평성을 생각했을 때도 모두가 군대에 가야 합니다. 대중 예술에서는 객관적인 기준을 만들기 어렵습니다. 특정한 사람들에게만 면제를 해 주면 안 됩니다. 군대 면제 제도를 없애는 것이 맞습니다.

Chapter 5
Background Knowledge Activation
page 95, C.
종이책: 재미가, 피로가, 가독성이, 친밀감을
전자책: 가격이, 비용이, 구매가, 휴대성이

page 95, D.
1. 저렴한 가격
2. 적은 눈의 피로
3. 우수한 가독성
4. 편리한 구매
5. 뛰어난 휴대성

Main Idea Exploration
page 96, A.
종이책의: 가독성, 친밀감, 휴대성
전자책의: 가독성, 편리함, 휴대성
독서의: 성취감

Content Comprehension
page 99, C.
1. c   2. a   3. d   4. d   5. b

Useful Sentences for Discussion and Debate
page 101, A.
1.
a. 소모됩니다
b. 일으킵니다
c. 부담이 됩니다
d. 접촉하며
e. 보호하기

2.
a. 부담이 됩니다
b. 접촉했기
c. 소모됩니다
d. 일으킵니다
e. 보호하려고

page 102, B.
1.
a. 에는
b. 과
c. 만

2.
a. 보는 것이
b. 물론
c. 유통하는

Argument Development
page 105, B.
1. d   2. b   3. e   4. c   5. a

Debate Expressions
page 107, B.
찬성
1. 전자책은 회사마다 기기가 다르지 않습니까?
2. 그래서 전자책만 읽어야 한다는 말씀입니까?
3. 그게 아니고 전자책 표준이 아직 없다는 것
   입니다.
4. 저는 그렇게 보지 않습니다. 종이책이 휴대
   성이 더 좋을 수도 있는 것입니다.
5. 근거가 타당하지 않습니다. 종이 생산은 환
   경을 보호하면서 할 수 있습니다.

반대
1. 종이책은 너무 무겁지 않습니까?
2. 그래서 전자책은 필요가 없다는 말씀입니까?
3. 그게 아니고 종이 생산도 환경 문제를 일으
   킨다는 것입니다.
4. 저는 그렇게 보지 않습니다. 글자를 크게 할
   수 있는 전자책이 읽기에 더 편리할 수도 있
   는 것입니다.
5. 근거가 타당하지 않습니다. 전자 기기는 한
   번 생산하면 오래 쓸 수 있습니다.

Debate Activities
pages 110–111, C.
찬성
저는 전자책을 읽는 것에 대해 반대합니다. 전
자책 표준이 아직 없지 않습니까? 또한, 종이책
이 가독성과 독서 효과가 좋다는 연구 결과들이
많습니다. 책과 친밀감을 느끼고 상호작용을 할
수 있어야 독서의 효과가 있는 것입니다. 전자
책은 편리하지만 종이책과 같은 독서 효과는 부
족합니다. 전자책 전용 기기 생산도 환경에 많
은 부담을 줍니다. 따라서 종이책을 읽는 것이
장점이 많다고 봅니다.

반대
저는 종이책은 시대에 맞지 않는다고 생각합니
다. 요즘 사람들은 책을 안 읽지 않습니까? 사
람들은 일상 생활에서 전자 기기를 주로 사용합
니다. 따라서 전자 기기에서 책을 볼 수 있어야
독서를 많이 하게 됩니다. 전자 기기가 필요하
지만 전용 기기 하나만 사면 되는 전자책이 환
경을 더 보호할 수도 있는 것입니다. 또한, 전자
책은 많은 책을 한 기기에 넣을 수 있어서 휴대
성이 좋습니다. 그러므로 저는 현대인의 생활에
맞는 전자책을 읽는 것이 좋다고 생각합니다.

Chapter 6
Background Knowledge Activation
page 115, C.
인구 절벽
고령화 ➜ 출산 장려 정책
노동력 부족 ➜ 은퇴 나이 조정
부양 의무 증가 ➜ 연금 조정
세대 간의 갈등 ➜ 의견 조율

인구 과잉
식량 부족 ➜ 식량 수입
자원 부족 ➜ 자원 재활용
일자리 부족 ➜ 일자리 지원 사업
집 부족 ➜ 아파트 건축

Main Idea Exploration
page 116, A.
인구: 감소, 증가, 침체
경제적: 침체, 부담, 지원

Content Comprehension
pages 118–119, C.
1. b   2. d   3. a   4. c   5. a
6. d   7. b

Useful Sentences for Discussion and Debate
page 121, A.
1.
a. 진출하는
b. 고도화되면서
c. 침체되면
d. 지급해야 합니다
e. 진행되고 있습니다

2.
a. 진출했습니다
b. 과학기술이 고도화되었습니다
c. 침체되었습니다
d. 진행되어서
e. 지급할

page 122, B.
1.
a. 에는
b. 처럼
c. 로

2.
a. 되는
b. 발달할수록
c. 대한

Argument Development
page 124, B.
1. b   2. d   3. c   4. a   5. e

Debate Expressions
page 126, B.
찬성
1. 저는 결혼이 늦어지는 것에 반대합니다.
2. 인구가 줄면 경제침체가 일어나게 될 겁니다.
3. 너무 극단적인 결론입니다.
4. 젊은층 인구가 줄면 시장이 작아질 수도 있
   는 것입니다.

5. 노인층 증가로 의료비 부담이 증가하는 것은
   생각 안 하십니까?

반대
1. 저는 출산율 장려 정책에 반대합니다.
2. 인구가 줄면 일지리 문제도 나아지게 될 겁
   니다.
3. 너무 극단적인 결론입니다.
4. 인구가 줄면 전세계 식량 문제가 해결될 수
   도 있는 것입니다.
5. 인공지능 기술이 발달할 것은 생각 안 하십
   니까?

Debate Activities
pages 129–130, C.
찬성
지는 출산율 장려 정책에 찬성합니다. 국가는
결국 국민으로 이뤄져 있습니다.
인구가 줄면 국가를 유지할 수 없습니다 국가
의 유지를 위해서 출산율을 높여야 합니다. 인
구가 늘면 시장이 커져서 취업이 증가할 수도
있는 것입니다. 그러면 경제도 발전하게 됩니다.
국가가 있어야 미래도 있습니다.

반대
저는 출산율 장려 정책에 반대합니다. 인구가
줄어드는 것은 자연스러운 현상입니다.
인구가 줄면 일자리 문제도 나아지고 전세계 식
량 문제도 해결될 것입니다. 인공지능 기술의
발전은 모든 문제를 해결해 줄 수 있습니다. 따
라서, 출산율이 줄어드는 것은 크게 걱정하지
않아도 됩니다.

Chapter 7
Main Idea Exploration
page 136, A.
실물 화폐: 가치, 안정성, 신뢰성
가상화폐: 가치, 안정성, 보안성, 신뢰성,
익명성

Content Comprehension
pages 139–140, C.
1. d   2. d   3. d   4. d   5. a
6. c   7. d

Useful Sentences for Discussion and Debate
page 142, A.
1.
a. 악용될
b. 불안정합니다
c. 도입하고
d. 잃었습니다
e. 거래할

2.
a. 손님들에게 신뢰를 잃었습니다
b. 거래했습니다
c. 악용되고 있습니다
d. 도입해서
e. 불안정하기

page 143, B.
1.
a. 에는
b. 으로
c. 은

2.
a. 사장으로서의
b. 제대로
c. 달리

Argument Development
page 144, B.
1. a   2. b   3. e   4. c   5. d

Debate Expressions
page 146, B.
찬성
1. 저는 가상화폐가 우리의 미래를 바꿀 것이라고 확신합니다.
2. 저도 그렇게 생각합니다만, 현재의 실물 화폐는 아니라고 봅니다.
3. 지금의 화폐 제도는 의미가 없어지고 있습니다.
4. 사람들이 점점 현금을 사용하지 않는 것에 대해서는 어떻게 생각하십니까?
5. 그것은 일부의 현상일 뿐입니다.

반대
1. 저는 실물 화폐가 계속 사용될 것이라고 확신합니다.
2. 저도 그렇게 생각합니다만, 지금의 가상화폐들은 아니라고 봅니다.
3. 지금의 가상화폐들은 투자 수단으로만 이용되고 있습니다.
4. 가상화폐 거래소들이 해킹을 당하는 것에 대해서는 어떻게 생각하십니까?
5. 그것은 일부의 현상일 뿐입니다.

Debate Activities
pages 149–150, C.
찬성
저는 가상화폐를 쓰면 경제가 발전할 것이라고 확신합니다. 우리는 현금 없는 사회를 만들 수 있습니다. 이미 수많은 기업들이 가상화폐를 도입하고 있습니다. 가상화폐는 거래 비용이 낮고 보안성이 뛰어나서 신뢰할 수 있습니다. 지금의 실물 화폐는 이미 신뢰를 잃었습니다. 가상화폐만이 문제를 해결할 수 있습니다.

반대
저는 지금의 가상화폐들은 아직 아니라고 봅니다. 가상화폐 거래소는 종종 해킹을 당하고, 가상화폐가 거래 폐지가 되기도 합니다. 국가가 발행하지 않는 이러한 화폐는 안정성이 없습니다. 그래서 아직도 투자 수단으로만 이용되고 있는 것입니다. 아직까지는 현재의 화폐 제도가 가장 믿을만합니다.

Chapter 8
Background Knowledge Activation
page 154, A.
1. a   2. c   3. b   4. d

page 155, B.
간접광고: 광고비를, 상표가, 효과가
협찬: 광고주가, 상품, 상표가, 효과가

Cultural Awareness
page 155, A.
1. 제작자: 광고비를 많이 받을 수 있는 간접광고를 늘려야 한다.

2. 광고주: 광고 효과가 좋은 간접광고를 선호한다.
3. 시청자: 집중을 방해하고 프로그램의 질을 떨어뜨리는 간접광고는 원하지 않는다.

Main Idea Exploration
page 156, A.
광고시장의: 축소
제작비: 확충, 부족, 요구
시청자의: 권리, 요구

Content Comprehension
pages 159–160, C.
1. c   2. d   3. d   4. d   5. a
6. a   7. c

Useful Sentences for Discussion and Debate
pages 162–163, A.
1.
a. 반영되기를
b. 확충해야
c. 유치해야 합니다
d. 침해되는
e. 노출됩니다
2.
a. 유치해야 합니다
b. 노출되었습니다
c. 확충할 수 있습니다
d. 시청권을 침해합니다
e. 반영되어야 합니다

page 164, B.
1.
a. 으로
b. 에서
c. 에

2.
a. 비용대비
b. 효율성만
c. 형식상

Argument Development
page 166, B.
1) e   2) d   3) a   4) b   5) c

Debate Expressions
page 168, B.
찬성
1. 저는 간접광고가 결국 프로그램의 품질을 높일 것이라고 봅니다.
2. 간접광고가 프로그램의 품질을 떨어뜨린다는 주장에 대해서 구체적인 근거를 말씀해 주십시오.
3. 만약 간접광고를 제한하면 어떻게 되겠습니까? 제작비 확충에 어려움을 겪을 것입니다.
4. 그 말씀도 일리가 있습니다만 제작비 확보도 중요한 문제입니다.
5. 간접광고를 제한하되 드라마에는 허용해야 합니다.

반대
1. 저는 간접광고가 시청자의 볼 권리를 침해한다고 봅니다.
2. 간접광고가 프로그램의 품질을 높인다는 주장에 대해서 구체적인 근거를 말씀해 주십시오.
3. 만약 간접광고가 너무 많아지면 어떻게 되겠습니까? 시청자들이 방송을 외면할 것입니다.
4. 그 말씀도 일리가 있습니다만 시청자들의 권리도 중요한 문제입니다.
5. 간접광고를 허용하되 광고주가 프로그램에는 간섭할 수 없게 해야 합니다.

Debate Activities
pages 172–173, C.
찬성
저는 간접광고가 프로그램의 질을 저하시키지 않는다고 봅니다. 만약 제작비가 부족해서 프로그램을 제대로 만들 수 없는 상황이라면 어떻게 되겠습니까? 프로그램의 완성도가 떨어지게 될 것입니다. 따라서, 간접광고를 완전히 허용해야 된다고 봅니다. 광고주가 프로그램에 영향을 미치지 못하게 하면 됩니다.

반대

저는 간접광고가 너무 많아지면 광고 효과가 오히려 떨어진다고 봅니다. 제작자들은 프로그램의 질을 높이기 위해서 간접광고를 받아야 한다고 합니다. 그러나 간접광고는 시청자의 몰입을 방해하게 됩니다. 그러면 사람들이 간접광고가 나오는 프로그램을 안 보게 될 것입니다. 이는 광고 시장 전체에 안 좋은 영향을 미칠 것입니다. 따라서, 간접광고는 아주 제한적으로만 허용해야 합니다.

Acknowledgments

I'd like to thank my co-authors, Eunjin Gye and Dr. Julie Damron, for their invaluable contributions in writing this book. Dr. Damron initiated the idea for the book and played an essential role in its development, and Eunjin Gye made significant contributions to the content and design.

—Juno Baik

Together, we would also like to extend our heartfelt appreciation to the editor, Cathy Layne, for her constant support and guidance throughout the publication process. We would like to acknowledge and thank the entire team at Tuttle Publishing who worked tirelessly to bring this book to fruition. Without the support of these individuals, this book would not have been possible.

—Juno Baik, Eunjin Gye and Julie Damron

Photo Credits

Cover photo © Rawpixelimages, Dreamstime.com
Interior photos, all Shutterstock: Page 14, Lidiia; Page 15, metamorworks; Page 16, PaO_STUDIO; Page 21, Alexander Limbach; Page 24, MONOPOLY919; Page 35, mariia_may; Page 40, fran_kie; Page 43, Lisa-S; Page 53, takasu; Page 54, 13_Phunkod; Page 58, page 122, page 163, imtmphoto; Page 63, Rawpixel.com; Page 73, woocat; Page 74, left, Featureflash Photo Agency; Page 74, right; page 76, Yeongsik Im; Page 83, Bumble Dee; Page 93, Carolina Jaromillo; Page 94, top, Sashkin; Page 94, middle, DimaBerlin; Page 94, bottom, Phonlamai Photo; Page 97, TierneyMJ; Page 102, Monika Wisniewska; Page 104, tomasso79; Page 113, ProximaCentauri1; Page 119, Dream Perfection; Page 133, allstars; Page 134, aurielaki; Page 137, Phongphan; Page 140, aslysun; Page 153, Kaspars Grinvalds; Page 154a, darksoul72; Page 154b, WildMedia; Page 154c, danielemperador; Page 154d, TY Lim; Page 164, PixieMe; Page 169, Morrowind.

"Books to Span the East and West"

Tuttle Publishing was founded in 1832 in the small New England town of Rutland, Vermont [USA]. Our core values remain as strong today as they were then—to publish best-in-class books which bring people together one page at a time. In 1948, we established a publishing outpost in Japan—and Tuttle is now a leader in publishing English-language books about the arts, languages and cultures of Asia. The world has become a much smaller place today and Asia's economic and cultural influence has grown. Yet the need for meaningful dialogue and information about this diverse region has never been greater. Over the past seven decades, Tuttle has published thousands of books on subjects ranging from martial arts and paper crafts to language learning and literature—and our talented authors, illustrators, designers and photographers have won many prestigious awards. We welcome you to explore the wealth of information available on Asia at **www.tuttlepublishing.com**.

Published by Tuttle Publishing, an imprint of Periplus Editions (HK) Ltd.

www.tuttlepublishing.com

Copyright © 2023 Periplus Editions (HK) Ltd.

All rights reserved. No part of this publication may be reproduced or utilized in any form or by any means, electronic or mechanical, including photocopying, recording, or by any information storage and retrieval system, without prior written permission from the publisher.

Library of Congress Control Number: 2023934692

ISBN: 978-0-8048-5615-7

26 25 24 23   6 5 4 3 2 1

Printed in Singapore   2304TP

Distributed by

North America, Latin America & Europe
Tuttle Publishing
364 Innovation Drive,
North Clarendon
VT 05759-9436, USA
info@tuttlepublishing.com
www.tuttlepublishing.com

Asia Pacific
Berkeley Books Pte Ltd
3 Kallang Sector #04-01/02
Singapore 349278
inquiries@periplus.com.sg
www.tuttlepublishing.com

TUTTLE PUBLISHING® is a registered trademark of Tuttle Publishing, a division of Periplus Editions (HK) Ltd.